汽车电气系统故障诊断与维修

主　编　李　尤　黄元勋

副主编　侯虹宇　罗映坤

参　编　马成祥　边　博　何登俊
　　　　贾　鹏　白发雨　杨小龙
　　　　李光泉

北京理工大学出版社
BEIJING INSTITUTE OF TECHNOLOGY PRESS

内容简介

本书参照国家职业技能标准及行业职业技能鉴定规范编写,适用于汽车运用与维修、新能源汽车等相关专业。

本书主要内容包括汽车电源系统、起动系统、点火和燃油喷射系统、照明与信号系统、仪表与照明系统、辅助电气设备(喇叭、刮水器、电动车窗及附件电路系统)、空调系统等的故障诊断与维修。

本书注重"做中学",通过导入真实案例,引导学生分析问题、制定方案并实践验证,帮助学生掌握核心知识点,提升技能水平。

图书在版编目(CIP)数据

汽车电气系统故障诊断与维修 / 李尤,黄元勋主编 .

北京 : 北京理工大学出版社,2025.1.

ISBN 978-7-5763-4794-4

Ⅰ . U472.41

中国国家版本馆 CIP 数据核字第 2025XU9757 号

责任编辑: 封 雪　　**文案编辑:** 封 雪
责任校对: 周瑞红　　**责任印制:** 施胜娟

出版发行 / 北京理工大学出版社有限责任公司

社　　址 / 北京市丰台区四合庄路 6 号

邮　　编 / 100070

电　　话 / (010) 68914026(教材售后服务热线)

　　　　　(010) 63726648(课件资源服务热线)

网　　址 / http://www.bitpress.com.cn

版 印 次 / 2025 年 1 月第 1 版第 1 次印刷

印　　刷 / 定州启航印刷有限公司

开　　本 / 889 mm × 1194 mm　1/16

印　　张 / 13

字　　数 / 249 千字

定　　价 / 89.00 元

前言

本书以习近平新时代中国特色社会主义思想为指导,深入贯彻党的二十大精神,紧密对接《国家职业教育改革实施方案》与汽车产业"新四化"发展趋势,针对当前职业教育领域存在的技术迭代滞后、理论实践脱节、思政融入不足等痛点,联合头部企业技术专家,以企业典型案例为载体,重构汽车电气系统基础知识、检测与维修基本技能。

一、编写理念

1. 产教融合的项目化设计

基于企业真实案例创设项目情境,以工单方式构建"三维递进式"学习任务:初级任务(故障分析)→中级任务(检测诊断)→高级任务(实施维修)。每个学习任务设置导入、说明、准备、实施、评价五个环节,配套部分虚拟仿真实训项目和信息技术诊断工具,使得内容与行业技术标准保持同步更新。

2. 工程思维导向的能力培养路径

采用"问题链驱动"模式,构建"故障现象分析→检测方案设计→工具选用决策→维修工艺实施→质量评估反馈"的完整工作流程。通过六类典型故障案例的图解式方法,培养学习者的系统思维能力和技术迁移能力,使其具备从原理认知到工程实践的思维转化和行动能力。

3. 思政引领与技术赋能双轨并行

配套有微课视频、在线课程和虚拟仿真实训教学平台等数字化学习支持,能够辅助学习者更加形象化地习得知识与技能,增强思维能力。教材从学习内容、学习行为、学习评价等角度,引入汽车文化、职业素养、国产汽车新技术、大国工匠故事等内容,表达职业知识所蕴含的思想价值和精神内涵,提升本书的人文性、时代性和开放性,实现价值塑造与技能培养的深度融合。

二、编写特色

1. 重构"四维行动"内容体系

打破传统学科章节架构，设置电源系统，起动系统，点火、燃油喷射系统，仪表与照明系统，喇叭、刮水器、电动车窗及附件电路系统，空调系统等 6 个项目，共 19 个工作任务，每个项目建构"知识准备—现象分析—诊断探究—技能实践"四维行动体系，培养汽车电气设备、车身电器等常见故障维修技能。

2. 创新"四级思维"组织

根据内容体系，针对学生认知特点，设计"原因分析—方法预设—流程计划—拆装维修"四级思维链条。配套开发微课资源包，实现思维过程的可视化和实践过程的精确化，满足因材施教需求。

3. 改革"四面量化"学习评价

每个任务设计评价量规，以岗位需求为核心，坚持职业素养与安全优先，注重环保与效率，通过动态扣分以及数字化工具的应用等评价手段，以任务导向面向"情意面、作业面、信息面、分析面"以及"工具应用"设计评价内容与评价指标，既符合现代职业教育理念，也贴合汽车维修行业的发展趋势，对学生技术能力、职业素养与信息处理能力进行全方位考核，具有较强实践指导意义。

本书共包括六大教学项目，19 个教学任务，参考学时为 184 课时，各任务参考课时如下所示：

项目	课程内容	理论课时	实践性课时	合计
项目一	汽车电源系统故障诊断与排除	14	16	30
项目二	汽车起动系统故障诊断与排除	8	18	26
项目三	汽车点火、燃油喷射系统故障诊断与排除	12	20	32
项目四	汽车仪表与照明系统故障诊断与排除	12	20	32
项目五	汽车喇叭、刮水器、电动车窗及附件电路系统故障诊断与排除	12	20	32
项目六	汽车空调系统故障诊断与排除	12	20	32
	合　计	70	114	184

本书由四川省广元市职业高级中学校的李尤、黄元勋担任主编，四川省广元市职业高级中学校的侯虹宇、罗映坤担任副主编。四川省广元市职业高级中学校的马成祥、边博、何登俊、贾鹏，四川广运集团汽车维修有限公司白发雨，吉利四川商用车有限公司杨小龙、李光泉也参与了本书的编写。教材还得到西华大学韩伟强教授、四川工程职业技术大学黄义勇教授、省技能大师陆远国全程指导和帮助，在此一并致谢。

由于编者水平有限，书中难免存在疏漏之处，敬请广大读者批评指正。

编　者

目录

项目一
汽车电源系统故障诊断与排除

项目说明 →

　　汽车因亏电引起的无法起动问题是电源系统常见的故障问题，本项目通过实例说明所需要的理论知识和实训操作流程及规范。本项目按照企业工作流程设计任务，学习相关知识，分析故障现象，确定诊断思路，排除故障现象。本项目涉及电源系统基础知识、电源系统故障常用维修思路、电源系统故障的维修作业流程及融合"岗课赛证"考核内容，实现课程学习与职业资格认证的有机结合。

项目目标 →

知识目标

1. 了解汽车电路的组成，会识读汽车电路图。

2. 掌握汽车电源系统知识，能根据故障现象初步判断故障原因。

3. 理解汽车电源系统主要部件的工作原理，会对主要部件进行检测。

能力目标

1. 能正确识读汽车电源系统电路图。

2. 能对汽车电源系统的主要部件进行检测。

3. 能根据检测的数据判断故障原因并进行维修。

4. 掌握标准作业流程，基本具备汽车电源系统故障维修的实际作业能力。

素养目标

1. 树立安全意识、规范意识。
2. 培养较强的动手操作能力。
3. 培养严谨细致、对客户负责的工作态度。

知识准备　汽车电源系统基础知识

一、汽车电路的组成及特点

组成：汽车电路的基本元件主要包括导线、线束、熔断器、插接器、点火开关、组合开关和继电器等。

特点：低压、直流、单线制、负极搭铁。

汽车导线是汽车电气系统的重要组成部分，负责传输电流和信号。

1. 分类

高压导线：主要用于传输点火系统的高压，具有绝缘涂层厚、芯线面积小的特点，能够抑制和衰减点火系统产生的高频电波，减少对无线电设备和电子控制装置的干扰。

低压导线：是车上使用数量最多的导线，承担为整车所有电器提供低压电源及信号传输的作用。根据工作电流的不同，低压导线截面积也会有所不同，但为保证一定的机械强度，导线的截面积不应小于 0.5 mm²。

不同材质的导线如图 1-1 所示。

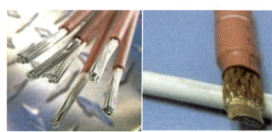

图 1-1　不同材质的导线

2. 导线选择

在选择导线时，需要考虑多种因素，包括导线的温度等级、绝缘层厚度、导体材料、绝缘层材质、导体结构及导线截面积等。不同用途导线的标称截面积见表 1-1。

表 1-1 不同用途导线的标称截面积

汽车类型	标称截面积 /mm²	用途
轿车、货车、挂车	0.5	后灯、顶灯、指示灯、仪表灯、牌照灯、燃油表、刮水器电机
	0.8	转向灯、制动灯、停车灯、分电器
	1.0	近、远光灯的单线（不接熔断器）、电喇叭（3 A 以下）
	1.5	近、远光灯的电线束（接熔断器）、电喇叭（3 A 以上）
	1.5~4	其他连接导线
	4~6	电热塞
	4~25	电源线
	16~95	起动机电缆

3. 导线颜色与标识

为便于布线、检修及电路识别，汽车各条线路的导线均采用不同的颜色加以区别，并标有导线颜色代号，我国及英国、美国、日本等均采用英文字母作为导线颜色代号，如表 1-2 所示。双色线的标注方法是主色在前，辅色在后。

表 1-2 导线颜色英文代号

系统名称	导线颜色	代号
电器装置接地线	黑	B
点火、起动系统	白	W
电源系统	红	R
灯光信号系统	绿	G
防控灯及车身内部照明系统	黄	Y
仪表及报警指示、喇叭系统	棕	Br
近、远光灯等外部灯光照明系统	蓝	Bl
辅助电动机及电气操纵系统	灰	Gr
收音机等辅助装置系统	紫	V

4. 导线应用

汽车导线广泛应用于汽车的各个电气系统中，如发动机线束、仪表线束、照明线束、空调线束及辅助电器线束等，不同粗细的导线用于连接不同功率的用电设备，确保电流的稳定传输和电气设备的正常工作。

二、汽车插接器、继电器、熔断器、点火开关的认识

1. 汽车插接器

汽车插接器用于实现线束与线束之间、线束与设备之间、线束与开关之间的连接。它确保电流能够稳定、安全地传输，同时便于安装和拆卸。插接器具有锁紧装置，有的还有二次锁紧功能，以确保连接牢固不松动。为了避免在安装中出现差错，插接器还被制成了不同的规格、形状。插接器如图1-2所示。

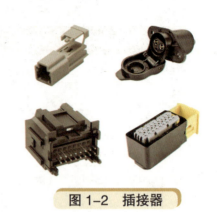

图1-2　插接器

2. 继电器

继电器是一种以小电流控制大电流的电气元件。在汽车电路中，继电器用于保护开关触点不被烧蚀，通过开关的小电流控制继电器，继电器触点闭合后，大电流直接供给用电器。继电器按结构原理可分为电磁继电器、干簧继电器、双金属继电器及电子继电器；按触点状态可分为常开型、常闭型和开闭混合型；按外形可分为圆形和方形；按插脚数目可分为3脚、4脚、5脚等多种。继电器如图1-3所示。

图1-3　继电器

3. 熔断器

熔断器是汽车电路中必不可少的保护装置，也称熔断丝。当电路中的电流超过规定值时，熔断丝会熔断，从而切断电路，保护其他电气设备和线路不受损坏。熔断丝一般集中在中央配置线盒内，不同的规格和颜色对应不同的电流承受能力和保护范围。熔断丝如图1-4所示。

4. 点火开关

点火开关用于控制点火、仪表、发动机的励磁、起动、辅助电器等电路。它是汽车电气系统中的重要控制元件，通过不同的挡位实现不同的电路控制功能。点火开关一般有关断或锁止（OFF或LOCK或0）、辅助电路（ACC）、点火（ON）和起动（START）四个挡位。每个挡位对应不同的电路控制状态，如关断电路、接通辅助电路、接通点火和仪表电路及起动电路等。点火开关如图1-5所示。

图1-4　熔断丝

图1-5　点火开关

三、汽车电路图的识读

1. 认识汽车电路符号

汽车电路符号如表1-3所示。

表1-3　汽车电路符号

序号	名称	图形符号	序号	名称	图形符号
1	直流	——	9	中性点	N
2	交流	∼	10	磁场	F
3	交直流	≈	11	搭铁	⊥
4	正极	+	12	交流发电机输出接柱	B
5	负极	−	13	磁场二极管输出端	D+
6	熔断器	▭	14	易熔线	∽
7	半导体二极管一般符号	▷|	15	照明灯、信号灯、仪表灯、指示灯	⊗
8	蓄电池	—|⊢	16	交流电动机	Ⓜ

2. 识读汽车电路图

各国由于汽车电路图绘制方法、符号标注、文字标注、技术标准的不同，汽车电路图的画法存在很大差异，这就给识图带来了许多麻烦。因此，掌握汽车电路图识读的基本方法显得十分重要。

识读汽车电路图的一般规律如下：

（1）先看全图，把单独的系统框出来。

一般来讲，各电气系统的电源和电源总开关是公共的。任何一个系统都应该是一个完整的电路，都应遵循回路原则。

（2）分析各系统的工作过程、相互间的联系。

在分析某个电气系统之前，要清楚该电气系统所包含各部件的功能、作用和技术参数等。在分析过程中应特别注意开关、继电器触点的工作状态，大多数电气系统都是通过开关、继电器不同的工作状态来改变回路，实现不同功能的。

四、识读汽车电路图

某国产汽车发动机电路图如图1-6所示。

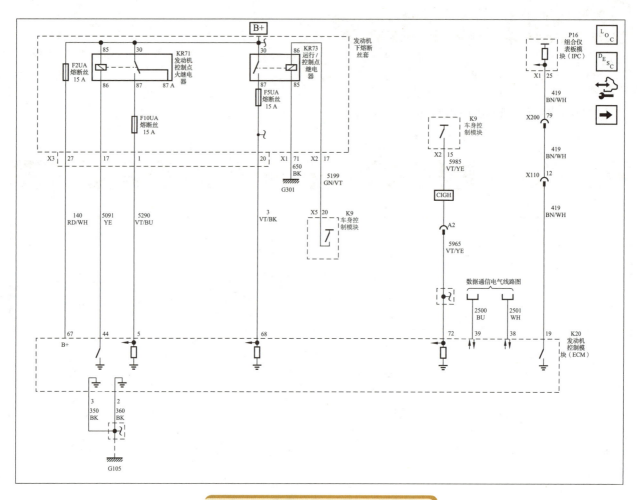

图1-6　某国产汽车发动机电路图

1. 识读电源电路

汽车电路图是由图形符号表示电路中的实物及电路连接情况的图，重在表达各电气系统的工作原理。

2. 电源系统的组成

电源系统包括蓄电池、发电机及其调节器。前两者是并联工作，发电机是主电源，蓄电池是辅助电源。发电机配备调节器的作用是在发电机转速升高时，自动调节发电机的输出电压使其保持稳定。汽车电源系统的组成如图1-7所示。

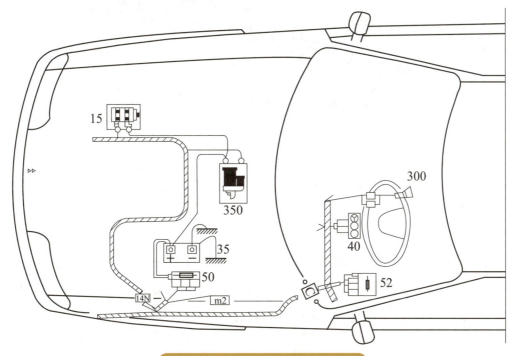

图1-7　汽车电源系统的组成

15—交流发电机；35—蓄电池；40—仪表板；50—发动机舱盖下熔断器盒；
52—驾驶区内熔断器盒；300—点火开关；350—起动机

五、蓄电池的功用

（1）发动机起动时，向起动机和点火系统供电。

（2）发动机低速运转时，向用电设备和发电机励磁绕组供电。

（3）发动机中、高速运转时，将发电机剩余电能转化为化学能储存起来。

（4）发电机过载时，协助发电机向用电设备供电。

（5）蓄电池相当于一个大电容器，能吸收电路中出现的瞬时而过的电压，保护电子元件，保持汽车电气系统电压稳定。

六、铅酸蓄电池的结构

铅酸蓄电池一般由3个或6个单格电池串联而成，其结构如图1-8所示。

蓄电池结构及
工作原理

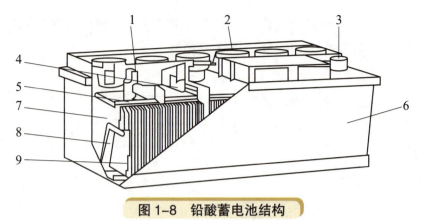

图1-8 铅酸蓄电池结构

1—负极柱；2—加液孔盖；3—正极柱；4—穿壁连接；5—汇流条；6—外壳；
7—负极板；8—隔板；9—正极板

1. 极板

极板是蓄电池的核心部分，蓄电池充、放电的化学反应主要是依靠极板上的活性物质与电解液进行的。极板分为正极板和负极板，二者均由栅架和活性物质组成。正极板上的活性物质是二氧化铅（PbO_2），呈深棕色；负极板上的活性物质是海绵状的纯铅（Pb），呈青灰色。

2. 栅架

栅架的作用是固结活性物质。栅架一般由铅锑合金铸成，具有良好的导电性、耐蚀性和一定的机械强度。为了降低蓄电池的内阻，改善蓄电池的起动性能，有些铅酸蓄电池采用了放射形栅架。

3. 隔板

隔板插放在正、负极板之间，以防止正、负极板互相接触造成短路。

4. 电解液

电解液在蓄电池的化学反应中起离子间的导电作用，并参与蓄电池的化学反应。电解液由纯硫酸（H_2SO_4）与蒸馏水按一定比例配制而成，其密度一般为1.24~1.30 g/cm^3。

七、铅酸蓄电池的工作原理及特性

当铅酸蓄电池的正、负极板浸入电解液中时，在正、负极板间就会产生2.1 V的静止电动势，此时若接入负载，在电动势的作用下，电流会从蓄电池的正极经外电路流向蓄电池的负极，这一过程称为放电，蓄电池的放电过程是化学能转换为电能的过程。放电时，正极板上的PbO_2和负极板上的Pb，都与电解液中的H_2SO_4反应生成硫酸铅（$PbSO_4$），沉附在正、负极板上。电解液中的H_2SO_4会不断减少，密度下降。蓄电池放电终了的特征是：

（1）单格电池的电压降到放电终止电压。

（2）电解液密度降到最小许可值。放电终止电压与放电电流的大小有关。放电电流越大，允许的放电时间越短，放电终止电压也就越低。

充电时，蓄电池的正、负极分别与直流电源的正、负极相连，当充电电源的端电压高于蓄电池的电动势时，在电场的作用下，电流从蓄电池的正极流入，负极流出，这一过程称为充电。蓄电池充电过程是电能转换为化学能的过程。充电时，正、负极板上的 $PbSO_4$ 还原成 PbO_2 和 Pb，电解液中的 H_2SO_4 会增多，密度上升。

八、铅酸蓄电池的型号

按机械工业部 JB/T 2599—2012《铅酸蓄电池产品型号编制方法》标准规定，铅酸蓄电池的型号分为三部分，见表 1-4。

表 1-4　铅酸蓄电池产品型号编制方法

第一部分	第二部分		第三部分	
串联的单格电池数	蓄电池的类型	蓄电池的特征	蓄电池的额定容量	蓄电池的特殊性能
用阿拉伯数字表示	用大写的汉语拼音字母表示： 如 Q——起动用铅酸蓄电池； N——内燃机车用蓄电池； M——摩托车用蓄电池	用大写的汉语拼音字母表示： 如 A——干荷电铅酸蓄电池； H——湿荷电铅酸蓄电池； W——免维护铅酸蓄电池； B——薄型极板； 无字母——普通铅酸蓄电池	20 小时率放电条件下的额定容量，单位为 A·h，单位略去不写	用大写的汉语拼音字母表示： 如 G——高起动率； D——低温性能好； S——塑料槽蓄电池

九、蓄电池的日常使用和维护

（1）及时充电。放完电的蓄电池应在 24 h 内送到充电室充电；蓄电池至少每两月补充充电一次。

（2）不连续使用起动机，每次起动的时间不得超过 5 s，如果一次未能起动发动机，那么应休息 15 s 以上再做第二次起动，连续三次起动不成功，应查明原因，排除故障后再起动发动机。

（3）应经常清除蓄电池表面的灰尘污物，保持蓄电池表面清洁、干燥。

（4）经常检查电解液的液面高度，必要时用蒸馏水或电解液进行调整使其保持在规定范围的高度。

发电机构造认识

十、交流发电机的功用

发电机是汽车的主要电源，其功用是在发动机正常运转时（怠速以上），向所有用电设备（起动机除外）供电，同时向蓄电池充电。

十一、交流发电机的构造

交流发电机主要由定子、转子、整流装置和传动散热装置等部分组成，如图1-9所示。

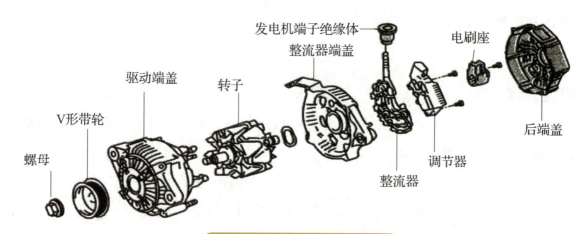

图1-9 交流发电机的结构

1. 定子

交流发电机的定子又叫电枢，是用来产生交流电动势的。定子由定子线圈及硅钢片叠压成的定子铁芯组成，两端被铝制的端盖所支撑，为外壳部分，其结构如图1-10所示。

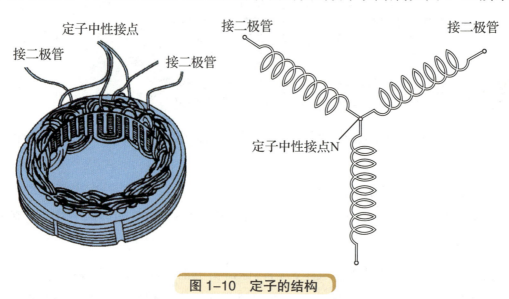

图1-10 定子的结构

定子铁芯由许多涂有绝缘漆的硅钢片叠压而成，内有直槽，以容放定子线圈，槽数为转子磁极数的3倍。

定子线圈由漆包线绕成，共有三组线圈，每组线圈由与转子磁极数相等数量的线圈串联而成。定子绕组的接法有星形（Y）和三角形（△）两种方式。发电机一般采用星形连接，即每相绕组的首端分别与整流器的硅二极管相接，作为交流发电机的输出端，每相绕组的尾端接在一起，形成中性接点 N。

2. 转子

交流发电机的转子是用来建立磁场的，主要由磁极、磁场线圈、集电环和轴等组成，其结构如图 1-11 所示。

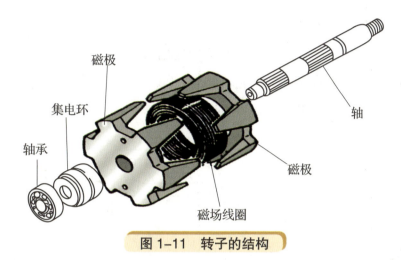

图 1-11　转子的结构

两块爪形磁极交叉组合在一起，一边为 N 极，另一边为 S 极，N、S 极相间排列，一般为 8~16 极。磁场线圈在内部被磁极包围，两端以轴承支持在端壳上，前端装有 V 形带轮，由发动机曲轴通过 V 形带驱动，使转子在定子中旋转。

磁场线圈以细的漆包线绕成，线的两端各接在一个集电环上，与轴及磁极有良好绝缘。集电环装在转子轴一端，以黄铜或铜制成，与轴绝缘，供电流输入磁场线圈用。

3. 整流器

整流器的作用是将定子绕组产生的三相交流电转换为直流电输出，3 个正极整流二极管装在一块金属板上形成正整流板，3 个负极整流二极管装在另一块金属板上形成负整流板，两块整流板装在铝制的端盖上。整流器的结构如图 1-12 所示。

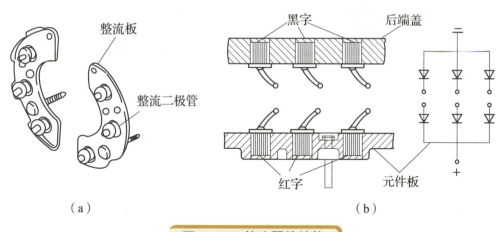

（a）　　　　　　　　　　　　　　　　　（b）

图 1-12　整流器的结构

（a）结构图；（b）剖视图

整流器必须散热良好，如果温度过高（超过 150 ℃）将会失去整流作用。因此整流器安装在端盖的通风口上，利用风扇强制通风冷却。

有些交流发电机的整流器采用了 9 只二极管，增加的 3 只是小功率磁场二极管，专门用来供给励磁电流，这样可以提高发电机的电压调节精度。采用磁场二极管后，仅用简单的充电警告灯即可指示发电机的发电情况。

另外，有些交流发电机为了提高中性接点电压，从而提高发电机输出功率，增加了两只二极管对中性接点电压进行整流，汇入发电机的输出端。

同时具备上述两种功能的发电机整流器共有 11 只整流二极管。

3 种不同的发电机整流器如图 1-13 所示。

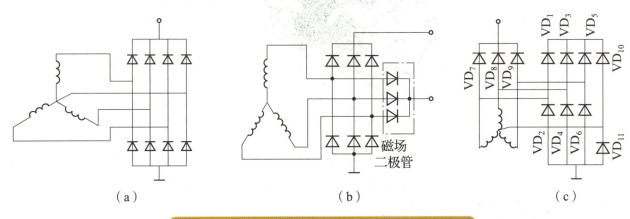

（a）　　　　　　　　　　　　（b）　　　　　　　　　　　　（c）

图 1-13　具有中性接点和励磁二极管的整流器

（a）8 管整流器；（b）9 管整流器；（c）11 管整流器

4.　电刷与电刷架

两只电刷装在电刷架的方孔内，利用弹簧的压力使其与集电环保持良好的接触。电刷与电刷架的结构有外装式和内装式两种，如图 1-14 所示。

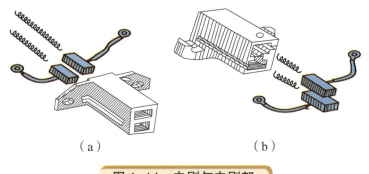

（a）　　　　　　　　　（b）

图 1-14　电刷与电刷架

（a）外装式；（b）内装式

两只电刷的引线分别接后端盖上的两个接线柱，按接线柱的形式不同，发电机可分为内搭铁和外搭铁两种形式，如图 1-15 所示。其中，内搭铁式发电机的一个接线柱与后端盖绝缘，称为"励磁"接线柱，标记为"励磁"或"F"；另一接线柱直接接到后端盖上，称为"搭铁"接线柱，标记为"E"或"-"。外搭铁式发电机的两个接线柱都与后端盖绝缘，分别标记为"F_1"和"F_2"。

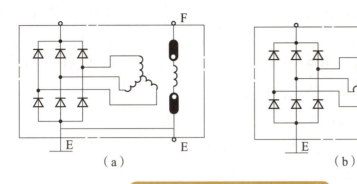

图 1-15   发电机的搭铁方式
（a）内搭铁；（b）外搭铁

5. 前、后端盖

发电机的前、后端盖如图 1-16 所示，使用不导磁的铝合金制成，用以支撑转子与定子，并用固定架安装于发动机上。端盖上有通风孔，让冷却空气通过。后端盖上安装有整流器、电刷架、输出接头及轴承等。

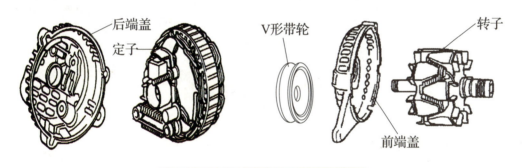

图 1-16   发电机的前、后端盖

6. V 形带轮及风扇

V 形带轮装在转子轴的前端，由发动机曲轴通过 V 形带驱动。风扇装在转子轴的前端或发电机的内部，以冷却转子线圈及整流管等。

十二、交流发电机工作原理

1. 发电原理

在发电机内部有一个由发动机带动的转子（旋转磁场），磁场外有一个定子绕组，绕组有 3 组线圈（三相绕组），三相绕组彼此相隔 120°。当转子旋转时，旋转的磁场使固定的电枢绕组切割磁力线（或者说使电枢绕组中通过的磁通量发生变化）而产生电动势。

2. 整流原理

在交流发电机定子的三相绕组中，感应产生的是交流电，靠6只二极管组成的三相桥式整流电路转换为直流电。

二极管具有单向导电性，当给二极管加上正向电压时，二极管导通，当给二极管加上反向电压时，二极管截止。二极管的导通原则如下：

（1）当3只二极管负极端相连时，正极端电位最高者导通。

（2）当3只二极管正极端相连时，负极端电位最低者导通。

整流原理如图1-17所示。

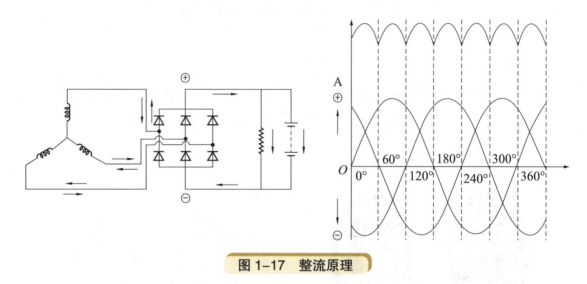

图1-17　整流原理

3. 电压调节器的功用及分类

1）电压调节器的功用

电压调节器是把发电机输出电压控制在规定范围内的调节装置。由于交流发电机的转子是由发动机通过传动带驱动旋转的，且发动机和交流发电机的速比为1∶1.7~1∶3，因此交流发电机转子的转速变化范围非常大，这样将引起发电机的输出电压发生较大变化，无法满足汽车用电设备的工作要求。为了防止发电机电压过高而烧坏用电设备和导致蓄电池过量充电，同时也防止发电机电压过低而导致用电设备工作失常和蓄电池充电不足，交流发电机必须配用电压调节器，使其输出电压在发动机所有工况下基本保持恒定。

2）电压调节器的分类

电压调节器按工作原理可分为触点式电压调节器、晶体管式电压调节器（也称电子调节器）、集成电路调节器、计算机控制调节器。

交流发电机电压调节器按搭铁形式的不同可分为内搭铁式（与内搭铁式交流发电机配套使用）和外搭铁式（与外搭铁式交流发电机配套使用）。

4. 电压调节器的基本工作原理

（1）发电机感应电动势公式如下：

$$E = C_e \Phi n$$

式中，E 表示发电机的感应电动势（V）；C_e 是与发电机结构有关的常数；Φ 是发电机磁极的磁通（Wb），它与励磁电流有关，一般来说，励磁电流越大，磁通 Φ 越大；n 是发电机转子的转速（r/min）。

该公式表明，发电机的感应电动势与磁通和转速成正比。在电压调节器工作时，就是通过改变励磁电流来改变磁通 Φ，进而调节感应电动势 E，以维持输出电压的稳定。

（2）电压调节器的基本工作原理如下：

实时监测发电机输出电压，将其与内部设定的基准电压进行对比。当输出电压高于基准电压时，调节器减小励磁电流，使发电机磁场减弱，输出电压降低；当输出电压低于基准电压时，调节器增大励磁电流，使磁场增强，提高输出电压，以此确保发电机输出电压稳定在合适范围内，满足汽车电气系统用电设备的工作需求。

思考与练习

1. 汽车电路有哪些特点？

2. 蓄电池日常使用维护注意事项有哪些？

3. 汽车交流发电机由哪几部分构成？

4. 请描述汽车交流发电机的工作原理。

任务一　汽车电源系统故障分析

一、任务导入

张先生驾驶他的汽车时发现，汽车发动机中高速运转、充电指示灯常亮；几天后发现按电喇叭时声音太小，打开前照灯，灯光暗淡，发动机不能起动，甚至连起动机特有的转动声音也没有。假如你是专业维修工，你将怎样处理这类故障？

二、任务说明

充电指示灯常亮说明发电机没有发电，全车用电设备的电是由蓄电池提供的。电喇叭声音太小，打开前照灯，灯光暗淡，这些现象都是蓄电池亏电的典型表现。起动机特有的转动声音也没有，可能是因为起动电流不够或者起动机本身故障所致。该任务可以有效帮助读者掌握汽车电源系统故障诊断排除的方法。

三、任务准备

（1）汽车电源系统基础知识：掌握汽车电路组成及特点，蓄电池结构及工作原理，发电机构造及工作原理等相关知识。

（2）维修手册：提供特定车型的详细维修信息，包括电路图、部件位置、故障诊断流程等。

（3）实训车辆：用于实际操作的汽车，可以是出现故障的车辆，也可以是用于练习的相同型号的车辆。

四、任务实施

1. 常见故障及原因

（1）充电指示灯点亮。

可能原因有：①发电机本身故障；②发电机皮带打滑；③充电线路故障；④励磁线路故障。

（2）车辆无法起动。

可能原因有：①蓄电池老化超过了使用年限；②蓄电池充电不足；③蓄电池电解液不足或密度下降；④起动系统故障。

2 故障分析

汽车电源系统由发电机和蓄电池并联构成，如图1-18所示。发电机给全车用电设备（起动机除外）供电，同时给蓄电池充电。当充电指示灯点亮，就说明发电机未给蓄电池充电，这时就要从发电机故障、充电电路故障、蓄电池故障三方面入手考虑。蓄电池的电池容量对起动机的性能影响很大，所以当遇到无法起动这种故障时，首先要检查的是蓄电池，蓄电池老化、电解液密度下降、充电不足都会引起蓄电池亏电。其次检查发电机的线路是否断开或短路，以及发电机本身的其他故障或发电机电压调节器的故障等。最后检查充电电路是否正常。

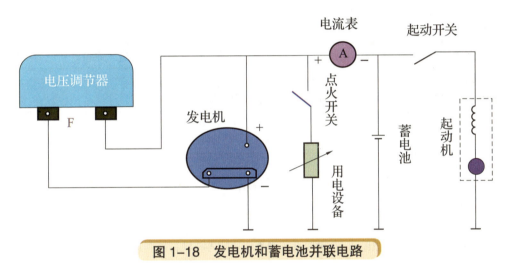

图 1-18　发电机和蓄电池并联电路

3 解决方法

（1）观察蓄电池观察孔是否正常或使用万用表检测蓄电池电压，若蓄电池电压低于9.6 V，则需要对蓄电池进行补充充电，结合蓄电池已使用年限视情况考虑是否更换蓄电池。

（2）使用蓄电池性能检测仪对蓄电池进行性能检测，按检测结果进行相应处理。

（3）通过用手摇动的方式检查蓄电池的连接导线，如果发现松动的情况，应及时锁紧。当接线柱接触不良时，松开固定螺母取下导线，用纸把粘在线头和桩头上的污物擦拭、打磨、清洗干净，而后重新安装，以改善导线与蓄电池接线柱之间的导电性能。

（4）检查发电机传动带的张紧度是否符合规定值，视情况进行调节。

（5）检查充电线路各导线和接头是否松动、断裂或脱落；检查发电机接线是否正确。

（6）起动发动机后用万用表测量发电机正极的电压，电压应在14~15 V，若电压为蓄电池的电压值，则说明发电机有故障。

五、任务评价

汽车电源系统
故障分析

任务评分表

姓名		组别			
作业开始时间		作业结束时间		总计 / 分	

汽车电气系统故障诊断与维修任务评分表

任务：汽车电源系统故障分析

作业情景：
- 若选用整车请填写【1. 车辆信息】；
- 选用的整车或台架具备功能需符合【应具备正常系统功能】栏

1. 车辆信息

品牌		整车型号		生产日期	
发动机型号		发动机排量		行驶里程	
车辆识别码					
应具备正常系统功能	起动系统、点火系统、电控燃油喷射系统、进气系统、排气系统功能需正常				

2. 使用资料情况

根据选用整车或发动机台架填写【使用维修手册】及【使用其他的资料】信息

使用维修手册	品牌： 车型： 年份： □中文版 □英文版	□电子版 □纸质版

3. 使用设施设备情况
- 依据【使用设施设备】填写【学校实际使用设施设备名称】及【品牌】；
- 需按【要求数量】准备设施设备

4. 车辆故障信息
- 依据实际情况填写【车辆原有故障】，车辆原有故障不应影响考核项目顺利进行

车辆原有故障	
车辆设置项目	一、车辆信息记录 二、蓄电池电压检测 三、汽车电源系统故障分析
设置评分依据	

评分标准

评分项	得分条件	评分标准	配分	扣分
情意面 （作业安全） （职业操守）	1. 能进行工位 7S 操作（总分 3 分） □ 1.1 整理、整顿（0.5 分） □ 1.2 清理、清洁（1 分） □ 1.3 素养、节约（0.5 分） □ 1.4 安全（1 分） 2. 能进行设备和工具安全检查（总分 3 分） □ 2.1 检查作业所需工具设备是否完备，有无损坏（0.5 分） □ 2.2 检查作业环境是否配备灭火器（0.5 分） □ 2.3 检查检测设备的电量是否充足（1 分） □ 2.4 检查检测设备的插头及电缆的放置位置是否安全（1 分）	依据得分条件进行评分，按要求完成在□打√，未按要求完成在□打×并扣除对应分数，扣分不得超过 15 分	15	

评分项	得分条件	评分标准	配分	扣分
情意面 （作业安全） （职业操守）	3. 能进行实训车辆安全防护操作（总分3分） □ 3.1 拉起车辆驻车制动（1分） □ 3.2 确认车辆安全稳固（1分） □ 3.3 铺设防护布垫（1分） 4. 能进行工具量具清洁、校准、存放操作（总分3分） □ 4.1 使用前对工具量具进行校准（1分） □ 4.2 使用后对工具量具进行清洁（1分） □ 4.3 作业完成后对工具量具进行复位（1分） 5. 能进行三不落地操作（总分3分） □ 5.1 作业过程做到工具量具不落地（1分） □ 5.2 作业过程做到零件不落地（1分） □ 5.3 作业过程做到油污不落地（1分）	依据得分条件进行评分，按要求完成在□打√，未按要求完成在□打×并扣除对应分数，扣分不得超过15分	15	
作业面 （保养作业） （拆装作业） （维修作业）	1. 能正确使用维修手册（总分10分） □ 1.1 正确操作电子版维修手册（6分） □ 1.2 正确查阅发电机系统电路图（4分） 2. 能正确使用发电机系统电路图（总分25分） □ 2.1 能找到蓄电池负极到车身搭铁线缆位置图（10分） □ 2.2 能找到发电机B+接线柱（10分） □ 2.3 能找到发电机搭铁点（5分）	依据得分条件进行评分，按要求完成在□打√，未按要求完成在□打×并扣除对应分数，扣分不得超过35分	35	
信息面 （信息录入） （资料应用） （资讯检索）	能正确使用教材、实训设备、维修手册查询资料（总分15分） □ 1. 查询蓄电池负极到车身搭铁线缆并记录（2分） □ 2. 查询蓄电池负极到车身搭铁线缆情况并记录（2分） □ 3. 查询蓄电池型号、选配代码（10分） □ 4. 查询发电机型号、选配代码（1分）	依据得分条件进行评分，按要求完成在□打√，未按要求完成在□打×并扣除对应分数，扣分不得超过15分	15	
工具及设备的使用能力 （岗位所需工具设备的使用能力） （办公软件的使用能力） （查询软件的使用能力）	□ 1. 能正确选用教材、实训设备、维修手册（电子版）（5分） □ 2. 能正确使用教材、维修手册（5分） □ 3. 能正确使用实训设备（5分）	依据得分条件进行评分，按要求完成在□打√，未按要求完成在□打×并扣除对应分数，扣分不得超过15分	15	
分析面 （诊断分析） （检测分析） （调校分析）	□能根据维修手册电路图画出电源系统电路图（15分）	依据得分条件进行评分，按要求完成在□打√，未按要求完成在□打×并扣除对应分数，扣分不得超过15分	15	
表单填写与报告的撰写能力 （纸质工单）	□ 1. 字迹清晰（1分） □ 2. 语句通顺（1分） □ 3. 无错别字（1分） □ 4. 无涂改（1分） □ 5. 无抄袭（1分）	依据得分条件进行评分，按要求完成在□打√，未按要求完成在□打×并扣除对应分数，扣分不得超过5分	5	
合计			100	

任务二　汽车蓄电池检查与更换

一、任务导入

张先生驾驶汽车时发现，仪表盘上出现多个故障指示灯，车灯灯光昏暗，电动车窗无法操作。假如你是专业维修工，你将怎样处理这类故障？

二、任务说明

本任务的目的是进行蓄电池的性能检测和更换，通过检测判断蓄电池是否能够继续使用，根据检测结果进行相应操作，以恢复车辆的正常起动功能。通过这个过程，参与者将运用学习的电源系统基础知识与维修技能，使用专业工具和设备进行故障诊断，实践团队合作和安全操作。

三、任务准备

1. 工具准备

万用表、套装工具、零件车、工具车、桑塔纳轿车。

2. 工作组织

组织形式：每辆车安排 4 人，2 人一组进行操作，分工合作，一人操作，一人辅助并观察，其余人观察学习。每组实训时间为 20~30 min，轮流进行。

四、任务实施

蓄电池使用　蓄电池的　蓄电池的
与维护　　　检测　　　更换

1. 就车检查蓄电池

（1）确认点火开关处于关闭状态。确认灯光、空调、音响等处于关闭状态。

（2）确认蓄电池负极。

（3）将万用表传递给 1 号学生。

（4）正确连接万用表正、负表笔接口，红色为正表笔，黑色为负表笔。正确选择量程，置于直流电的（DC）0~20 V 挡位。

（5）将红表笔接蓄电池正极、黑表笔接蓄电池负极。

（6）读出检测数据并记录。若蓄电池电压小于 12 V，则表示该蓄电池亏电，需补充充电或更换。

2. 拆卸蓄电池电缆

（1）使用 10 mm 开口扳手先拆卸蓄电池负极，再拆卸蓄电池正极。

（2）将中号棘轮扳手、接杆、8 mm 套筒组合好后传递给 1 号学生。

（3）拆卸蓄电池固定板螺栓、固定板，并将取下的螺栓、固定板传递给 2 号学生并由其置于工具车内。

（4）将蓄电池放置于零件车上，观察该蓄电池外观是否有裂纹，检查蓄电池正、负极接线柱是否有烧灼。看清换下的蓄电池牌号、规格。

3. 安装蓄电池

（1）将新蓄电池安放于发动机蓄电池安装架内。

注意：要合理操作，小心谨慎，轻搬轻放，严禁翻转和掉落到地面上。

（2）使用 2 号学生传递的工具安装蓄电池固定板，并按规定扭矩拧紧。检查蓄电池是否安装可靠。

4. 整理工位

两名学生同时清洁整理工具，清洁工位地面卫生。

5. 实训总结

（1）总结点评每组学生的实训过程，并给出评价。

（2）布置作业：学生分组完成工作页。

五、任务评价 >>>

蓄电池检查与更换

任务评分表

姓名		组别			
作业开始时间		作业结束时间		总计 / 分	

汽车电气系统故障诊断与维修任务评分表

任务：汽车蓄电池检查与更换

作业情景：
- 若选用整车请填写【1. 车辆信息】；
- 选用的整车或台架具备功能需符合【应具备正常系统功能】栏

1. 车辆信息

品牌		整车型号		生产日期	
发动机型号		发动机排量		行驶里程	
车辆识别码					
应具备正常系统功能	车辆能正常起动				

2. 使用资料情况
根据选用整车或发动机台架填写【使用维修手册】及【使用其他的资料】信息

使用维修手册	品牌：　　　车型：　　　年份： □中文版　□英文版	□电子版　□纸质版

3. 使用设施设备情况
- 依据【使用设施设备】填写【学校实际使用设施设备名称】及【品牌】；
- 需按【要求数量】准备设施设备

4. 车辆故障信息
- 依据实际情况填写【车辆原有故障】，车辆原有故障不应影响考核项目顺利进行

车辆原有故障	
车辆设置项目	一、车辆信息记录　二、蓄电池电压检测　三、汽车蓄电池检测更换
设置评分依据	

评分标准

评分项	得分条件	评分标准	配分	扣分
情意面 （作业安全） （职业操守）	1. 能进行工位 7S 操作（总分 3 分） □ 1.1 整理、整顿（0.5 分） □ 1.2 清理、清洁（1 分） □ 1.3 素养、节约（0.5 分） □ 1.4 安全（1 分） 2. 能进行设备和工具安全检查（总分 3 分） □ 2.1 检查作业所需工具设备是否完备，有无损坏（0.5 分） □ 2.2 检查作业环境是否配备灭火器（0.5 分） □ 2.3 检查检测设备的电量是否充足（1 分） □ 2.4 检查检测设备的插头及电缆的放置位置是否安全（1 分）	依据得分条件进行评分，按要求完成在□打√，未按要求完成在□打×并扣除对应分数，扣分不得超过 15 分	15	

评分项	得分条件	评分标准	配分	扣分
情意面 （作业安全） （职业操守）	3. 能进行实训车辆安全防护操作（总分3分） □ 3.1 拉起车辆驻车制动（1分） □ 3.2 确认车辆安全稳固（1分） □ 3.3 铺设防护布垫（1分） 4. 能进行工具量具清洁、校准、存放操作（总分3分） □ 4.1 使用前对工具量具进行校准（1分） □ 4.2 使用后对工具量具进行清洁（1分） □ 4.3 作业完成后对工具量具进行复位（1分） 5. 能进行三不落地操作（总分3分） □ 5.1 作业过程做到工具量具不落地（1分） □ 5.2 作业过程做到零件不落地（1分） □ 5.3 作业过程做到油污不落地（1分）	依据得分条件进行评分，按要求完成在□打√，未按要求完成在□打×并扣除对应分数，扣分不得超过15分	15	
作业面 （保养作业） （拆装作业） （维修作业）	1. 能正确使用维修手册（总分10分） □ 1.1 正确操作电子版维修手册（6分） □ 1.2 正确查阅电源系统电路图（4分） 2. 能正确使用电源系统电路图（总分25分） □ 2.1 能找到蓄电池负极到车身搭铁线缆位置图（5分） □ 2.2 能使用万用表测量电压（5分） □ 2.3 能根据所测电压判断蓄电池使用性能（5分） □ 2.4 能找到蓄电池固定支架螺栓（5分） □ 2.5 能正确牢固安装蓄电池（5分）	依据得分条件进行评分，按要求完成在□打√，未按要求完成在□打×并扣除对应分数，扣分不得超过35分	35	
信息面 （信息录入） （资料应用） （资讯检索）	能正确使用教材、实训设备、维修手册查询资料（总分15分） □ 1. 查询蓄电池型号（2分） □ 2. 蓄电池标准电压（5分） □ 3. 查询蓄电池更换流程（2分） □ 4. 记录蓄电池型号（2分） □ 5. 记录蓄电池电压（2分） □ 6. 记录新蓄电池电压（1分） □ 7. 记录新蓄电池充电情况（1分）	依据得分条件进行评分，按要求完成在□打√，未按要求完成在□打×并扣除对应分数，扣分不得超过15分	15	
工具及设备的使用能力 （岗位所需工具设备的使用能力） （办公软件的使用能力） （查询软件的使用能力）	□ 1. 能正确选用教材、实训设备、维修手册（电子版）（5分） □ 2. 能正确使用教材、维修手册（5分） □ 3. 能正确使用实训设备（5分）	依据得分条件进行评分，按要求完成在□打√，未按要求完成在□打×并扣除对应分数，扣分不得超过15分	15	
分析面 （诊断分析） （检测分析） （调校分析）	□ 1. 能找到安装蓄电池位置（3分） □ 2. 能找到备选蓄电池型号（3分） □ 3. 能找到蓄电池的标准电压（3分） □ 4. 能找到蓄电池的标准更换流程（3分） □ 5. 能识读蓄电池型号（3分）	依据得分条件进行评分，按要求完成在□打√，未按要求完成在□打×并扣除对应分数，扣分不得超过15分	15	
表单填写与报告的撰写能力 （纸质工单）	□ 1. 字迹清晰（1分） □ 2. 语句通顺（1分） □ 3. 无错别字（1分） □ 4. 无涂改（1分） □ 5. 无抄袭（1分）	依据得分条件进行评分，按要求完成在□打√，未按要求完成在□打×并扣除对应分数，扣分不得超过5分	5	
合计			100	

任务三 汽车发电机检查与更换

一、任务导入

张先生驾驶汽车时发现，按电喇叭时声音太小，打开前照灯，灯光暗淡，发动机不能起动，甚至连起动机特有的转动声音也没有。假如你是专业维修工，你将怎样处理这类故障？

二、任务说明

本任务的目的是判断发电机是否存在故障，并根据结果进行相应操作。通过这个过程，参与者将运用学习的电源系统基础知识与维修技能，使用专业工具和设备进行故障诊断，实践团队合作和安全操作。

三、任务准备

1. 工具准备

万用表、套装工具、零件车、工具车、桑塔纳轿车。

2. 工作组织

组织形式：每辆车安排 4 人，2 人一组进行操作，分工合作，一人操作，一人辅助并观察，其余人观察学习。每组实训时间为 20~30 min，轮流进行。

四、任务实施

发电机的就车检查与发电机更换

发电机就车检查与更换

发电机的拆装检测

实操－发电机的拆装检测

1. 检查发电机充电指示灯状态

（1）用拇指按压发电机皮带轮与张紧度机构之间的楔形皮带，检查楔形皮带的厚度是否正常。新皮带 2 mm，旧皮带 5 mm。

（2）打开点火开关，起动发动机并保持运转 3~5 min 后，关闭点火开关，停止发动机运转。

（3）发动机预热完毕后，打开点火开关，仪表的充电指示灯应点亮。

（4）再次起动发动机待发动机转速稳定后（600~800 r/min），此时充电指示灯熄灭。

2. 检查发电机输出电压

（1）正确连接万用表正、负表笔接口，红色为正表笔，黑色为负表笔。正确选择量程，置于直流电（DC）的 0~20 V 挡位。

（2）将红表笔接蓄电池正极、黑表笔接蓄电池负极，测量出蓄电池空载电压应为 12~12.6 V。

（3）起动发动机，逐渐提升发动机转速。当转速高于发动机怠速时，1 号学生测量的蓄电池电压应高于蓄电池额定电压 12 V，并随发动机转速升高而稳定在某一电压值不再变化。

3. 拆卸蓄电池负极电缆

（1）使用 10 mm 套筒、接杆、棘轮扳手组合工具拆卸蓄电池负极电缆，并保证负极电缆安全离开蓄电池负极接线柱。

（2）用扳手开口端卡住发电机皮带张紧机构上的调整凸块，用力向发电机侧扳动扳手使张紧机构顺时针转动一定角度，当张紧机构上的定位孔与其支架上的挡块对齐时，将定位销插入定位孔中，张紧机构被固定在此位置。

（3）将传动带从发电机皮带轮、动力转向油泵皮带轮、曲轴皮带轮上取下来。

（4）用内六角扳手拧松发电机支架上的两个固定螺栓。

（5）从支架上取出发电机并用扳手拧松发电机后端盖上 B+ 接线柱的固定螺母，将导线脱离 B+ 接线柱。

（6）用扳手拧松发电机后端盖上的励磁导线的固定螺母，将导线脱离接线柱。

4. 发电机的拆装

拆装步骤：

（1）外部清洗。用蘸有少许清洗剂的抹布将发电机表面擦拭干净。注意：抹布不能有液体漏出，汽油清洗剂不能接触绝缘件。

（2）拆下电刷组件。

要求：拆下螺栓时要注意用手压住电刷组件，因其内部有弹簧，所以拆下电刷组件后应放在可靠处以防电刷折断，粘上污物。

（3）拆下连接前后端盖的螺栓，分开前后端盖。

要求：分解前先做好装配标记，定子一定同后端盖放在一起，转子一般和前端皮带轮放在一起，除非前轴承损坏。若前、后端盖不能轻易分开，可用橡皮锤轻轻敲打或用拉器分解，严防重击。

当将转子和前端皮带轮分解后再装配时，其拧紧扭矩为 100 N·m。

（4）拆掉防护罩的螺栓取下防护罩。

（5）拆下定子上四个接线端的三相绕组首端及中性点在散热板上的连接螺母，使定子与后端分离。

（6）拆下后端盖上紧固整流器总成的螺栓。

（7）清洗零件。

要求：对机械部分可用汽油或清洗液清洗，对电气部分可用干净棉纱擦去表面尘土、脏污。

（8）将整流器装到后端盖，拧上紧固螺栓。

要求：拧紧扭矩为 4.5 N·m。

（9）将定子总成与后端结合，将定子绕组上的四个接线端子通过后端盖上的孔洞穿出，将接线端分别连接在整流器的接线螺栓上。

要求：拧紧扭矩为 30 N·m。

（10）装防护罩。

要求：拧紧扭矩为 8 N·m。

（11）合上前、后端盖，拧上前、后端盖的螺栓。

要求：拧紧扭矩为 8 N·m。

（12）装回电刷架总成。

要求：拧紧扭矩为 6 N·m。

5. 安装发电机

（1）将 B+ 导线套装在 B+ 接线柱上，并拧紧螺母。

（2）安装励磁导线并拧紧螺母。

（3）将发电机下支撑臂插入固定在气缸体上的支架上，调整发电机位置，使发电机支撑臂的螺栓孔与支架的螺栓孔对齐。

（4）安装两个固定螺栓，并紧固螺栓。

（5）将发电机皮带安装到曲轴和发电机的皮带轮、导向轮、张紧轮上。

（6）用扳手卡住皮带轮张紧机构上的凸块，微微转动，使定位销松动，取下定位销并缓缓放松张紧机构。

（7）用手按压传动带，检查传动带的松紧度。

（8）安装蓄电池的负极。

6. 整理工位

两名学生同时清洁整理工具，清洁工位地面卫生。

发电机检查与更换

五、任务评价

任务评分表

姓名		组别			
作业开始时间		作业结束时间		总计 / 分	

汽车电气系统故障诊断与维修任务评分表

任务：汽车发电机检查与更换

作业情景：
- 若选用整车请填写【1. 车辆信息】；
- 选用的整车或台架具备功能需符合【应具备正常系统功能】栏

1. 车辆信息

品牌		整车型号		生产日期	
发动机型号		发动机排量		行驶里程	
车辆识别码					
应具备正常系统功能	车辆能正常起动				

2. 使用资料情况
根据选用整车或发动机台架填写【使用维修手册】及【使用其他的资料】信息

使用维修手册	品牌：　　　车型：　　　年份： □中文版　□英文版	□电子版　□纸质版

3. 使用设施设备情况
- 依据【使用设施设备】填写【学校实际使用设施设备名称】及【品牌】；
- 需按【要求数量】准备设施设备

4. 车辆故障信息
- 依据实际情况填写【车辆原有故障】，车辆原有故障不应影响考核项目顺利进行

车辆原有故障	
车辆设置项目	一、车辆信息记录　二、检查发电机输出电压　三、汽车发电机检查与更换
设置评分依据	

评分标准

评分项	得分条件	评分标准	配分	扣分
情意面 （作业安全） （职业操守）	1. 能进行工位 7S 操作（总分 3 分） □ 1.1 整理、整顿（0.5 分） □ 1.2 清理、清洁（1 分） □ 1.3 素养、节约（0.5 分） □ 1.4 安全（1 分） 2. 能进行设备和工具安全检查（总分 3 分） □ 2.1 检查作业所需工具设备是否完备，有无损坏（0.5 分） □ 2.2 检查作业环境是否配备灭火器（0.5 分） □ 2.3 检查检测设备的电量是否充足（1 分） □ 2.4 检查检测设备的插头及电缆的放置位置是否安全（1 分）	依据得分条件进行评分，按要求完成在□打√，未按要求完成在□打 × 并扣除对应分数，扣分不得超过 15 分	15	

评分项	得分条件	评分标准	配分	扣分
情意面 （作业安全） （职业操守）	3. 能进行实训车辆安全防护操作（总分3分） □ 3.1 拉起车辆驻车制动（1分） □ 3.2 确认车辆安全稳固（1分） □ 3.3 铺设防护布垫（1分） 4. 能进行工具量具清洁、校准、存放操作（总分3分） □ 4.1 使用前对工具量具进行校准（1分） □ 4.2 使用后对工具量具进行清洁（1分） □ 4.3 作业完成后对工具量具进行复位（1分） 5. 能进行三不落地操作（总分3分） □ 5.1 作业过程做到工具量具不落地（1分） □ 5.2 作业过程做到零件不落地（1分） □ 5.3 作业过程做到油污不落地（1分）	依据得分条件进行评分，按要求完成在□打√，未按要求完成在□打×并扣除对应分数，扣分不得超过15分	15	
作业面 （保养作业） （拆装作业） （维修作业）	1. 能正确使用维修手册（总分10分） □ 1.1 正确操作电子版维修手册（6分） □ 1.2 正确查阅电源系统电路图（4分） 2. 能正确使用电源系统电路图（总分25分） □ 2.1 能找到蓄电池负极到车身搭铁线缆位置图（4分） □ 2.2 能使用万用表测量发电机输出电压（3分） □ 2.3 能根据所测电压判断发电机的使用性能（3分） □ 2.4 能找到发电机 B+ 接线柱连接线束螺栓（4分） □ 2.5 能正确拆卸发电机皮带（3分） □ 2.6 能正确拆卸发电机紧固螺栓（3分） □ 2.7 能正确选配发电机（2分） □ 2.8 能正确安装发电机（3分）	依据得分条件进行评分，按要求完成在□打√，未按要求完成在□打×并扣除对应分数，扣分不得超过35分	35	
信息面 （信息录入） （资料应用） （资讯检索）	能正确使用教材、实训设备、维修手册查询资料（总分15分） □ 1. 查询发电机型号（2分） □ 2. 查询发电机工作电压（5分） □ 3. 查询发电机更换流程（3分） □ 4. 记录发电机型号（3分） □ 5. 记录发电机工作电压（2分）	依据得分条件进行评分，按要求完成在□打√，未按要求完成在□打×并扣除对应分数，扣分不得超过15分	15	
工具及设备的使用能力 （岗位所需工具设备的使用能力） （办公软件的使用能力） （查询软件的使用能力）	□ 1. 能正确选用教材、实训设备、维修手册（电子版）（5分） □ 2. 能正确使用教材、维修手册（5分） □ 3. 能正确使用实训设备（5分）	依据得分条件进行评分，按要求完成在□打√，未按要求完成在□打×并扣除对应分数，扣分不得超过15分	15	
分析面 （诊断分析） （检测分析） （调校分析）	□ 1. 能找到发电机位置（2分） □ 2. 能找到发电机选配型号（3分） □ 3. 能发现发电机输出电压是否符合标准（5分） □ 4. 能掌握发电机的标准更换流程（5分）	依据得分条件进行评分，按要求完成在□打√，未按要求完成在□打×并扣除对应分数，扣分不得超过15分	15	
表单填写与报告的撰写能力 （纸质工单）	□ 1. 字迹清晰（1分） □ 2. 语句通顺（1分） □ 3. 无错别字（1分） □ 4. 无涂改（1分） □ 5. 无抄袭（1分）	依据得分条件进行评分，按要求完成在□打√，未按要求完成在□打×并扣除对应分数，扣分不得超过5分	5	
合计			100	

任务四　汽车充电线路故障排除

一、任务导入

　　张先生驾驶汽车时发现，按电喇叭声音太小，打开前照灯，灯光暗淡，发动机不能起动，甚至连起动机特有的转动声音也没有。假如你是专业维修工，你将怎样处理这类故障？

二、任务说明

　　本任务的目的是在任务三的基础上对汽车电源系统充电电路故障进行检修。通过这个过程，参与者将运用学习的电源系统基础知识与维修技能，使用专业工具和设备进行故障诊断，实践团队合作和安全操作。

三、任务准备

1. 工具准备

　　万用表、套装工具、零件车、工具车、桑塔纳轿车。

2. 工作组织

　　组织形式：每辆车安排 4 人，2 人一组进行操作，分工合作，一人操作，一人辅助并观察，其余人观察学习。每组实训时间为 20~30 min，轮流进行。

四、任务实施

1. 线路排查

（1）用万用表电压挡检测发电机 F 柱是否有电，如有则说明从蓄电池到 F 柱之间线路良好；如没有则说明从蓄电池到 F 柱之间线路开路。

（2）用万用表电压挡检测发电机电压调节器 B 柱是否有电，如有则说明电压调节器到发电机 F 柱之间线路开路；如没有则进行第（3）步。

（3）用万用表电压挡检测发电机电压调节器 F 柱是否有电，如有则说明电压调节器损坏，需要更换电压调节器；如没有则进行第（4）步。

（4）检查点火开关 ON 挡是否有电，如有电则说明从点火开关到电压调节器之间的线路开路；如没有则说明点火开关损坏。

交流发电机充电系统故障诊断原理如图 1-19 所示。

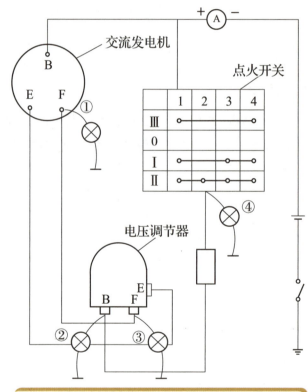

图 1-19　交流发电机充电系统故障诊断原理

2. 整理工位

两名学生同时清洁整理工具，清洁工位地面卫生。

五、任务评价

充电线路故障
排除

任务评分表

姓名		组别			
作业开始时间		作业结束时间		总计 / 分	

汽车电气系统故障诊断与维修任务评分表

任务：汽车充电线路故障排除

作业情景：
• 若选用整车请填写【1. 车辆信息】；
• 选用的整车或台架具备功能需符合【应具备正常系统功能】栏

1. 车辆信息

品牌		整车型号		生产日期	
发动机型号		发动机排量		行驶里程	
车辆识别码					
应具备正常系统功能	车辆能正常起动				

2. 使用资料情况

根据选用整车或发动机台架填写【使用维修手册】及【使用其他的资料】信息

使用维修手册	品牌：　　　车型：　　　年份： □中文版　□英文版	□电子版　□纸质版

3. 使用设施设备情况
• 依据【使用设施设备】填写【学校实际使用设施设备名称】及【品牌】；
• 需按【要求数量】准备设施设备

4. 车辆故障信息
• 依据实际情况填写【车辆原有故障】，车辆原有故障不应影响考核项目顺利进行

车辆原有故障	
车辆设置项目	一、车辆信息记录　二、检查发电机输出电压　三、汽车充电线路故障排除
设置评分依据	

评分标准

评分项	得分条件	评分标准	配分	扣分
情意面 （作业安全） （职业操守）	1. 能进行工位 7S 操作（总分 3 分） □ 1.1 整理、整顿（0.5 分） □ 1.2 清理、清洁（1 分） □ 1.3 素养、节约（0.5 分） □ 1.4 安全（1 分） 2. 能进行设备和工具安全检查（总分 3 分） □ 2.1 检查作业所需工具设备是否完备，有无损坏（0.5 分） □ 2.2 检查作业环境是否配备灭火器（0.5 分） □ 2.3 检查检测设备的电量是否充足（1 分） □ 2.4 检查检测设备的插头及电缆的放置位置是否安全（1 分）	依据得分条件进行评分，按要求完成在□打√，未按要求完成在□打 × 并扣除对应分数，扣分不得超过 15 分	15	

评分项	得分条件	评分标准	配分	扣分
情意面 （作业安全） （职业操守）	3. 能进行实训车辆安全防护操作（总分 3 分） □ 3.1 拉起车辆驻车制动（1 分） □ 3.2 确认车辆安全稳固（1 分） □ 3.3 铺设防护布垫（1 分） 4. 能进行工具量具清洁、校准、存放操作（总分 3 分） □ 4.1 使用前对工具量具进行校准（1 分） □ 4.2 使用后对工具量具进行清洁（1 分） □ 4.3 作业完成后对工具量具进行复位（1 分） 5. 能进行三不落地操作（总分 3 分） □ 5.1 作业过程做到工具量具不落地（1 分） □ 5.2 作业过程做到零件不落地（1 分） □ 5.3 作业过程做到油污不落地（1 分）	依据得分条件进行评分，按要求完成在□打√，未按要求完成在□打×并扣除对应分数，扣分不得超过15分	15	
作业面 （保养作业） （拆装作业） （维修作业）	1. 能正确使用维修手册（总分 10 分） □ 1.1 正确操作电子版维修手册（6 分） □ 1.2 正确查阅电源系统电路图（4 分） 2. 能正确使用电源系统电路图（总分 25 分） □ 2.1 能找到蓄电池负极到车身搭铁线缆位置图（2 分） □ 2.2 能使用万用表测量发电机输出电压（5 分） □ 2.3 能根据所测电压判断发电机的使用性能（5 分） □ 2.4 能检测发电机 F 柱处是否有电（5 分） □ 2.5 能检测电压调节器 B 柱处是否有电（5 分） □ 2.6 能检测电压调节器 F 柱处是否有电（2 分） □ 2.7 能检测点火开关 ON 挡处是否有电（1 分）	依据得分条件进行评分，按要求完成在□打√，未按要求完成在□打×并扣除对应分数，扣分不得超过35分	35	
信息面 （信息录入） （资料应用） （资讯检索）	能正确使用教材、实训设备、维修手册查询资料（总分 15 分） □ 1. 查询发电机型号（2 分） □ 2. 查询发电机工作电压（5 分） □ 3. 查询发电机更换流程（3 分） □ 4. 记录发电机型号（3 分） □ 5. 记录发电机工作电压（2 分）	依据得分条件进行评分，按要求完成在□打√，未按要求完成在□打×并扣除对应分数，扣分不得超过15分	15	
工具及设备的使用能力 （岗位所需工具设备的使用能力） （办公软件的使用能力） （查询软件的使用能力）	□ 1. 能正确选用教材、实训设备、维修手册（电子版）（5 分） □ 2. 能正确使用教材、维修手册（5 分） □ 3. 能正确使用实训设备（5 分）	依据得分条件进行评分，按要求完成在□打√，未按要求完成在□打×并扣除对应分数，扣分不得超过15分	15	
分析面 （诊断分析） （检测分析） （调校分析）	□ 1. 能检测发电机 F 柱处是否有电（3 分） □ 2. 能检测电压调节器 B 柱处是否有电（3 分） □ 3. 能检测电压调节器 F 柱处是否有电（3 分） □ 4. 能检测点火开关 ON 挡处是否有电（3 分） □ 5. 能识读电压调节器型号（3 分）	依据得分条件进行评分，按要求完成在□打√，未按要求完成在□打×并扣除对应分数，扣分不得超过10分	15	
表单填写与报告的撰写能力 （纸质工单）	□ 1. 字迹清晰（1 分） □ 2. 语句通顺（1 分） □ 3. 无错别字（1 分） □ 4. 无涂改（1 分） □ 5. 无抄袭（1 分）	依据得分条件进行评分，按要求完成在□打√，未按要求完成在□打×并扣除对应分数，扣分不得超过5分	5	
合计			100	

项目提升 →

项目一 学习测试

📝 拓展阅读

目前大多数新能源车企都使用三元锂电池（图1-20），主要是因为三元锂电池的能量密度较高，为 $200\ \mathrm{W\cdot h\cdot kg^{-1}}$，也就是说，在同样质量的情况下，采用三元锂电池的车型的续航里程要比采用磷酸铁锂电池的车型更长。但三元锂电池的缺点是稳定性较差，当自身温度达到 $250\sim350\ ℃$ 时，内部成分就开始分解，而且在保持同样电池能量的条件下，三元锂电池的单体数量要远大于磷酸铁锂电池，这也对它的电池管理系统（BMS）提出了更高的要求。

图1-20　三元锂电池

采用镍氢电池（图1-21）的车型往往为混合动力汽车，其中典型的代表是丰田凯美瑞。镍氢电池的一大优势是稳定性比三元锂电池更高，其能量密度为 $70\sim100\ \mathrm{W\cdot h\cdot kg^{-1}}$，电池单体电压通常为 $1.2\ \mathrm{V}$，约为锂电池的 $1/3$。因此在需求电压一定的情况下，其电池组的体积要比锂电池大很多。而且镍氢电池在循环充放、电过程中容量出现衰减，过度的充电或者放电，都可能加剧电池的容量损耗。因此对于厂商来说，镍氢电池控制系统在设定上都会主动避免过度充、放电。

阳极
燃料
触媒与电解质膜
空气
冷却液
燃料

图1-21　镍氢电池

燃料电池被认为是未来理想的清洁能源之一。它是一种把燃料所具有的化学能直接转换成电能的化学装置。将燃料和空气分别送进燃料电池，通过一系列的化学反应，产生出电能，供驱动车辆使用。而且，因为燃料电池用燃料和氧气作为原料，同时没有机械传动部件，故没有噪声污染，且排放出的有害气体极少。由此可见，从节约能源和保护生态环境的角度来看，燃料电池具有较好的发展前景。

项目二

汽车起动系统故障诊断与排除

项目说明 →

在汽车维修行业中，起动系统故障是最常见的故障之一。作为一名致力成为专业汽车维修技师的学生，可通过本项目深入理解起动系统的工作原理，掌握故障诊断和维修的关键技能，并将理论知识与实际工作流程紧密结合。本项目按照企业工作流程设计任务，介绍相关知识，分析故障现象，确定诊断思路，排除典型故障。本项目涉及起动机基础知识、起动系统故障常用维修思路、起动机典型故障的维修作业流程及融合"岗课赛证"考核内容，实现课程学习与职业资格认证的有机结合。

项目目标 →

知识目标

1. 了解汽车起动系统设备的组成、结构及特点。

2. 掌握汽车起动系统工作原理、电路图及其识读方法。

3. 掌握汽车起动机的常见故障及其一般原因，以及故障诊断思路。

能力目标

1. 能正确识读汽车起动控制的电路图。

2. 能对起动机的主要部件进行检测。

3. 能根据检测的数据判断故障原因并进行维修。

4. 掌握标准作业流程，基本具备起动机维修的实际作业能力。

素养目标

1. 树立安全意识、操作规范意识，在汽车起动系统的维修和操作过程中，能够严格遵守安全规程，确保个人和他人的安全。

2. 形成环保意识，了解汽车起动系统对环境可能造成的影响。

3. 形成团队合作意识，在汽车维修工作中，能够与团队成员有效沟通，协作解决问题，共同完成维修任务。

知识准备　汽车起动机基础知识

汽车起动机
基础知识

一、起动机概述

汽车发动机由静止状态变为运转状态的过程称为起动。发动机的起动必须借助外力实现，起动机就是使发动机由静止变为运转的器件。汽车上的起动机大多采用电起动，即蓄电池供给电动机电能，电动机旋转带动发动机飞轮旋转，从而带动曲轴旋转，直至发动机独立运行。汽车起动系统一般由蓄电池、点火开关、起动机、空挡起动开关、起动继电器及起动线束等组成，如图 2-1~ 图 2-3 所示。

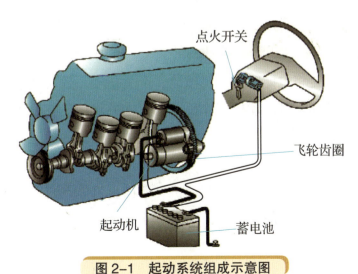

图 2-1　起动系统组成示意图

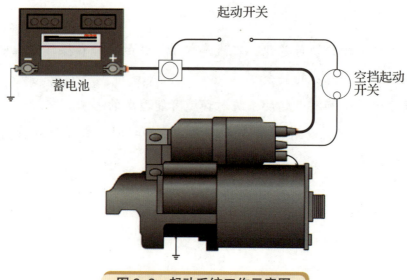

图2-2 起动系统工作示意图

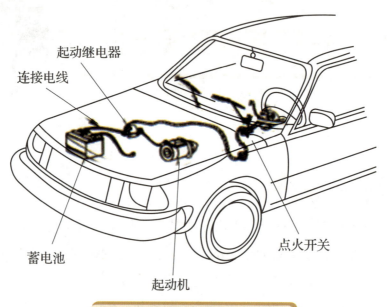

图2-3 起动系统分布示意图

二、起动机的组成和作用

起动机的工作原理就是将电能转换成机械能，产生扭矩，控制装置用来控制起动机与蓄电池之间的电路通断，从而控制起动机工作。驱动机构的作用是在发动机起动时，驱动齿轮啮合飞轮齿圈，将起动机的扭矩传动给发动机曲轴，并且在发动机起动后，使驱动齿轮与飞轮齿圈快速脱离。

起动机是汽车起动系统的核心部件，起动机一般由直流电动机、传动机构（或称啮合机构）和控制装置（电磁开关）三部分组成，如图2-4所示。

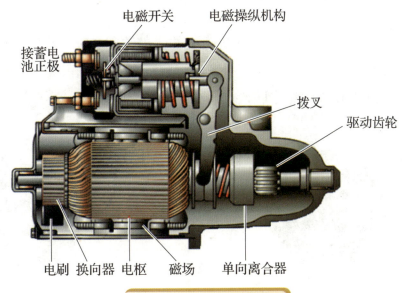

电磁开关　电磁操纵机构

接蓄电池正极

拨叉

驱动齿轮

电刷　换向器　电枢　磁场　单向离合器

图 2-4　起动机构造图

1. 直流电动机

直流电动机的作用是产生扭矩。一般采用直流串励式电动机，"串励"是指电枢绕组与励磁绕组串联。

串励直流电动机主要由机壳、磁极、电枢、换向器及电刷等组成，如图 2-5 所示。

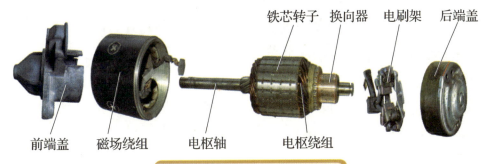

铁芯转子　换向器　电刷架　后端盖

前端盖　磁场绕组　电枢轴　电枢绕组

图 2-5　直流电动机的组成

1）机壳

机壳的作用是安装磁极，固定机件。机壳用钢管制成，一端开有窗口，用于观察和维护电刷和换向器，平时用防尘箍盖住。机壳上有一个电流输入接线柱，并在内部与励磁绕组的一端相接。壳内壁固定有磁极铁芯和励磁绕组，如图 2-6 所示。

后端盖　壳体　前端盖

图 2-6　起动机机壳

2）磁极

磁极的作用是产生磁场，它由固定在机壳上的磁极铁芯和励磁绕组组成，一般是 4 个，两对磁极相对交错安装在电动机定子内壳上，4 个励磁绕组可互相串联后再与电枢绕组串联，也可两两串联后并联再与电枢绕组串联，如图 2-7 所示。

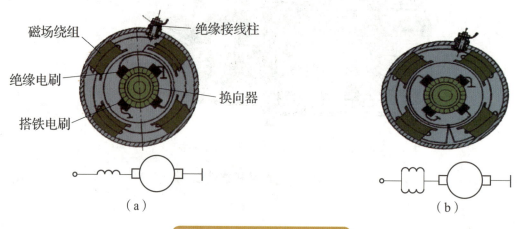

图 2-7　励磁绕组的接法

（a）4 个绕组相互串联；（b）两串两并

3）电枢

电枢的作用是产生电磁扭矩，它主要由电枢轴、电枢铁芯、电枢绕组和换向器等组成。电枢总成如图 2-8 所示，电枢铁芯是由许多相互绝缘的硅钢片叠装而成的，其圆周表面上有槽，用来安装电枢绕组，电枢绕组用矩形截面的裸通条绕制。

4）换向器

换向器装在电枢轴上，它由许多换向片组成。换向片嵌装在轴套上，各换向器片之间用云母绝缘。换向器与电刷相接触。

5）电刷及电刷架

电刷及电刷架的作用是将电流通过换向器引入电枢让其旋转。一般有 4 个电刷及电刷架，如图 2-9 所示。电刷架固定在前端盖上，其中两个对置的电刷架与端盖绝缘，称为绝缘电刷架；另外两个对置的电刷架与端盖直接铆合而搭铁，称为搭铁电刷架。

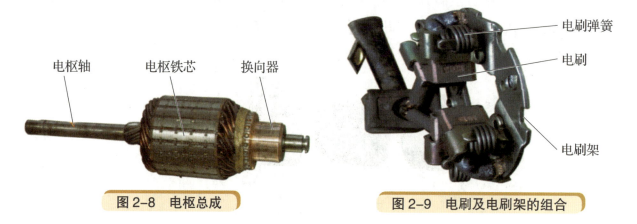

图 2-8　电枢总成

图 2-9　电刷及电刷架的组合

电刷由铜粉与石墨粉压制而成，加入铜粉是为了减小电阻并增加耐磨性。电刷装在电刷架中，借助弹簧压力将它紧压在换向器铜片上。电刷弹簧的压力一般为 12~15 N。

6）端盖

端盖有前、后之分。前端盖一般用钢板压制而成，其上装有四个电刷架，后端盖为灰铸铁浇铸而成。它们分别装在机壳的两端，靠两根长螺栓与起动机机壳紧固在一起。两端盖内均装有青铜石墨轴承套或铁基含油轴承套，以支承电枢轴。

2. 起动机的传动机构

传动机构的作用是把直流电动机产生的扭矩传递给飞轮齿圈，再通过飞轮齿圈把扭矩传递给发动机的曲轴，使发动机起动后，飞轮齿圈与驱动齿轮自动打滑脱离。传动机构一般由驱动齿轮、单向离合器、拨叉、啮合弹簧等组成，如图 2-10 所示。在传动机构中，结构和工作情况比较复杂的是单向离合器，它的作用是传递电动机扭矩，起动发动机，而在发动机起动后自动打滑，保护起动机电枢不致飞散。常用的单向离合器主要有滚柱式、摩擦片式和弹簧式等几种。

图 2-10　起动机的传动机构

3. 起动机的控制装置

起动机控制装置的作用是控制驱动齿轮和飞轮齿圈的啮合与分离，并且控制电动机电路的接通与切断。常用的装置有机械式和电磁式两种，现代汽车上广泛使用电磁式控制装置（电磁开关），如图 2-11 所示。电磁式控制装置主要由吸引线圈、保持线圈、回位弹簧、可动铁芯、接触片等组成。其中，端子 50 接点火开关，通过点火开关再接电源，端子 30 直接接电源。

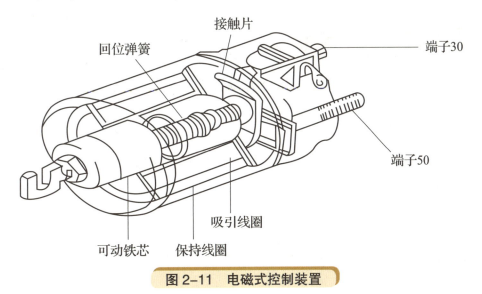

图 2-11　电磁式控制装置

　　电磁式控制装置的基本工作流程如图 2-12 所示。当起动电路接通后，保持线圈的电流经起动机端子 50 进入，经线圈后直接搭铁，吸引线圈的电流也经起动机端子 50 进入，但通过吸引线圈后未直接搭铁，而是进入电动机的励磁线圈和电枢后再搭铁。两线圈通电后产生较强的电磁力，克服回位弹簧弹力，使活动铁芯移动，一方面通过拨叉带动驱动齿轮移向飞轮齿圈并与之啮合，另一方面推动接触片移向端子 50 和 C 的触点，在驱动齿轮与飞轮齿圈进入啮合后，接触片将两个主触点接通，使电动机通电运转。在驱动齿轮进入啮合之前，由于经过吸引线圈的电流经过了电动机，所以电动机在这个电流的作用下会产生缓慢旋转，以便于驱动齿轮与飞轮齿圈进入啮合。在两个主接线柱触点接通之后，蓄电池的电流直接通过主触点和接触片进入电动机，使电动机进入正常旋转，此时通过吸引线圈的电路被短路，因此，吸引线圈中无电流通过，主触点接通的位置靠保持线圈来保持。发动机起动后，切断起动电路，保持线圈断电，在弹簧的作用下，可动铁芯回位，切断了电动机的电路，同时也使驱动齿轮与飞轮齿圈脱离啮合。

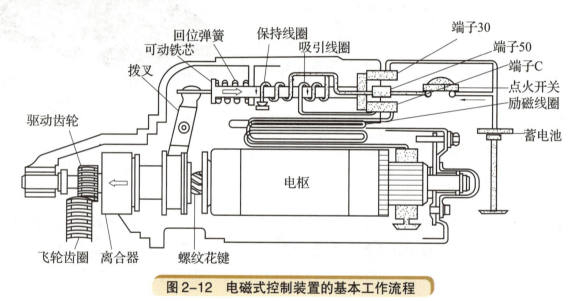

图 2-12　电磁式控制装置的基本工作流程

三、起动机的分类

　　起动机按传动机构啮入方式的不同可分为强制啮合式起动机、减速式起动机。

1. 强制啮合式起动机

　　强制啮合式起动机靠电磁力拉动杠杆，强制拨动驱动齿轮啮合飞轮齿圈。其特点是啮合机构简单、动作可靠、操作方便，目前使用广泛，如图 2-13 所示。

2. 减速式起动机

　　减速式起动机采用高速、小型、低扭矩电动机，在传动机构中设有减速装置（行星齿轮机构），质量和体积比普通起动机可减小 30%~35%，但结构和工艺比较复杂，应用不是很广泛，如图 2-14 所示。

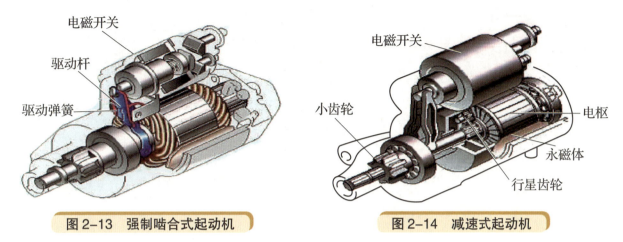

图 2-13　强制啮合式起动机　　　　图 2-14　减速式起动机

四、起动机系统的起动方式

现代汽车起动系统普遍采用模块控制起动的方式，其组成如表 2-1 所示。

表 2-1　起动系统的模块控制组成

名称	作用或特点
蓄电池	为起动机提供电能
起动机	通常驱动功率在 0.4~2.0 kW，起动电流在 300~800 A
起动控制与继电器	起动系统控制
点火开关	用于监测电源模式，控制起动机供电
防盗系统	识别点火钥匙是否合法，车辆是否符合起动条件

1. 点火开关的控制

现代汽车点火开关只是提供车身控制模块（BCM）或其他模块的一种开关位置信号。BCM 的三个端子（15、5、6）控制点火开关的位置，只有电源系统正常才能起动车辆。点火开关工作过程：蓄电池（B+）→熔断丝 F22DA FUSE2 2A →信号传递点火开关 S39（OFF、ACC、ON、START）→ S39（4、3、1 端子）→ BCM（15、5、6 端子）→ BCM（22、15端子）→ K20（ECM）发动机控制模块、T12 自动变速器总成、KR73 点火主继电器。某国产汽车点火开关电路图如图 2-15 所示。

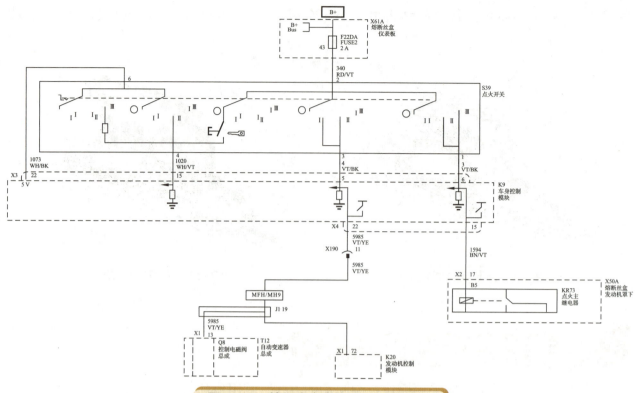

图 2-15 某国产汽车点火开关电路图

2. 防盗系统的控制

考虑到安全性，防盗系统应参与发动机的起动，需要验证点火钥匙的适配性。起动机对钥匙的控制主要采取两种方式：P/N 开关控制和模块控制，如表 2-2 所示。

表 2-2 起动机控制方式

名称	工作方式
P/N 开关控制	在传统自动变速器车辆上，只有自动变速器的排挡杆置于 P 或 N 挡位置时，从点火开关过来的起动电源才能通过起动继电器使起动机工作
模块控制	当前大部分车型的起动系统均由模块控制，采用 ECM 控制起动机的自动挡车辆，需要采集 P/N 挡、点火开关信号、发动机转速等信号。当 ECM 从变速器模块中采集到 P/N 挡信号，同时接收到点火开关的起动信号后，才会接通起动机继电器，使起动机工作。采用 ECM 控制起动机的手动挡车辆，ECM 需要采集离合器踏板位置信号和点火开关起动信号才能接通起动机继电器，使起动机工作。采用模块控制的起动系统，在点火开关回位到 ON 位置时，起动机处于空转状态，这属于正常现象。当发动机起动运转后，ECM 将控制起动继电器停止工作，起动机停止运转

某国产汽车起动控制电路图如图 2-16 所示。

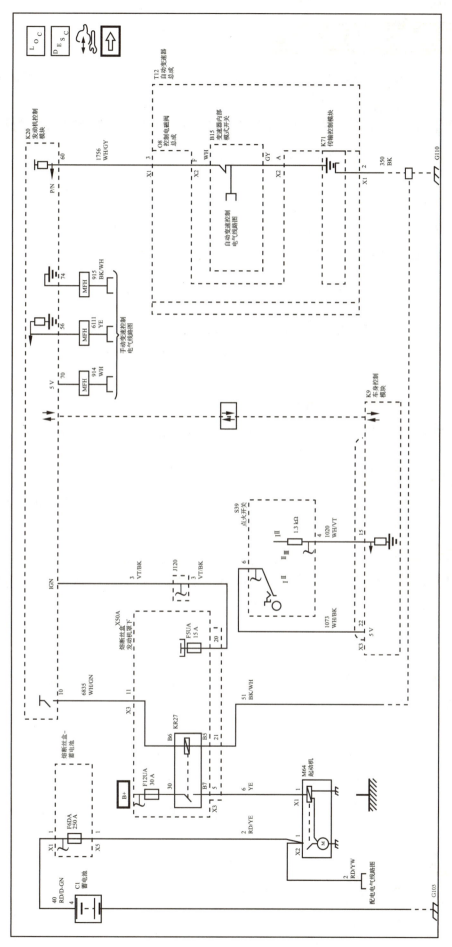

图 2-16 某国产汽车起动控制电路图

五、起动机使用要求

1. 起动时间限制

起动机在起动发动机时，需要从蓄电池引入 300~400 A·s 的电量。为了保护蓄电池，避免出现过流或损坏，建议单次起动时间不超过 5 s。

2. 避免连续起动

如果第一次起动未能成功起动发动机，那么应避免立即进行第二次起动。连续起动会导致蓄电池过度放电，影响其性能和寿命。

3. 起动间隔

在冬季或起动困难的情况下，如果需要多次起动，那么每两次起动之间应留有适当的间隔。这样可以给蓄电池一些时间来恢复电量，减少对蓄电池的损害。

4. 及时切断起动机控制电路

一旦发动机起动，应立即切断起动机控制电路，避免起动机空转，损坏起动机和蓄电池。

5. 定期检查和维护

定期检查起动机的电气连接，确保没有松动或腐蚀，以保证起动系统的可靠性。

6. 避免过度负荷

在车辆负载较重或发动机过热的情况下，应避免强行起动，因为这会给起动机和蓄电池带来额外的负担。

7. 使用合适的蓄电池

使用与车辆规格相匹配的蓄电池，以确保起动机能够获得足够的起动电流。

8. 避免长时间未使用车辆

长时间不使用车辆时，应定期起动发动机，以防止蓄电池过度放电。

遵循这些使用要求和建议，可以有效地保护起动机和蓄电池，确保车辆起动系统的可靠性和耐久性。同时，这也有助于减少维修成本和提高车辆的整体性能。

思考与练习

1. 常规起动机由哪几部分组成？各起什么作用？

2. 直流串励式电动机中磁极、电枢、电刷及换向器的作用分别是什么？

3. 简述汽车起动机工作过程及工作原理。

任务一 汽车起动机故障分析

一、任务导入

张先生驾驶汽车准备去上班，像往常一样起动车辆，但奇怪的是，起动机电磁线圈没有发出往日那熟悉的"咔嗒"声，车辆也毫无动静，无法正常起动。张先生通知4S店前来救援维修，假如你是专业维修工，你将怎样处理这类故障？

二、任务说明

进行这项任务是为了诊断和排除汽车无法起动的问题。起动机电磁线圈发出的"咔嗒"声是起动系统正常工作的一个信号，如果没有这个声音，那么可能意味着起动系统存在故障。这可能是由于电磁线圈、起动电机、蓄电池、电缆连接或其他电气系统有问题。通过诊断和修复这个问题，可以确保汽车能够正常起动，保障驾驶安全和车辆性能。

三、任务准备

1. 工具准备

（1）万用表：用于检测电压、电阻等电气参数。

（2）专用解码器：用于读取和清除车辆故障码。

（3）套装工具：包括扳手、螺丝刀等，用于拆卸和安装零件。

（4）零件车：提供可能需要更换的零件。

（5）工具车：携带各种维修工具。

（6）三件套：个人防护装备，如防护手套、护目镜、工作服等。

（7）实训车辆：用于实际操作的车辆。

2 工作组织

组织形式：每辆车安排4人，2人一组进行操作，分工合作，一人操作，一人辅助并观察，其余人观察学习。每组实训时间为20~30 min，轮流进行。

四、任务实施

起动机控制
线路检测

汽车起动机
故障分析

1 常见故障原因分析

（1）电源部分的故障。如蓄电池亏电或内部损坏，蓄电池导线与蓄电池接线柱接触不良，蓄电池火线与起动机接线柱连接松动，蓄电池搭铁线接触不良或连接松动，蓄电池导线断路等。

（2）控制线路部分的故障。如点火开关或起动继电器（或复合继电器）故障，电磁开关"火线接线柱"→点火开关→起动继电器→电磁开关"起动接线柱"线路的导线断路、短路、搭铁。

（3）起动机故障。如电磁开关触点烧蚀引起接触不良；电磁开关线圈断路、短路、搭铁；电枢轴弯曲或轴承过紧；换向器脏污或烧坏；电刷磨损过短；弹簧过软；电刷由于在电刷架内卡住不能与换向器接触；电枢绕组或励磁绕组断路、短路、搭铁。

起动机机构故障分析如图2-17所示。

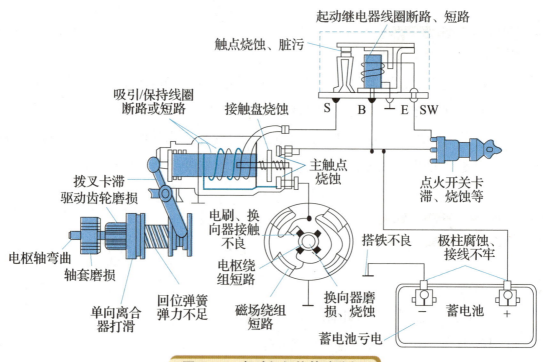

图2-17　起动机机构故障分析

∠. ▶ 解决方法

（1）检查蓄电池存电是否充足和电源线路有无故障。用电池高率放电计等，检查蓄电池技术状况，检查电源导线接触情况，也可通过开大灯或按喇叭，以查看灯光亮度和声音强度的方法，检查电源线路是否有故障。

（2）判断故障在起动机还是在控制线路。短接电磁开关上的"火线接线柱"与"起动接线柱"，如图 2-18 所示，如果出现以下状况：

①起动机运转，说明起动机良好，故障在控制线路。

②起动机不转，说明故障在起动机。然后短接电磁开关上的"火线接线柱"与"定子绕组接线柱"，若起动机运转正常，则电磁开关有故障；仍不转，则说明起动机的直流电动机部分有故障。

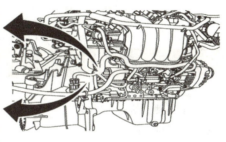

图 2-18　起动机位置图

五、任务评价 ▶▶

汽车起动机故障分析

工作评分表

姓名		组别			
作业开始时间		作业结束时间		总计 / 分	
汽车电气系统故障诊断与维修任务评分表					
任务：汽车起动机故障分析					
作业情景： • 若选用整车请填写【1.车辆信息】； • 选用的整车或台架具备功能需符合【应具备正常系统功能】栏					
1.车辆信息					
品牌		整车型号		生产日期	
发动机型号		发动机排量		行驶里程	
车辆识别码					

应具备正常系统功能	起动系统、点火系统、电控燃油喷射系统、进气系统、排气系统功能需正常			

2. 使用资料情况

根据选用整车或发动机台架填写【使用维修手册】及【使用其他的资料】信息

使用维修手册	品牌：　　　车型：　　　年份： □中文版　□英文版		□电子版　□纸质版

3. 使用设施设备情况

• 依据【使用设施设备】填写【学校实际使用设施设备名称】及【品牌】；
• 需按【要求数量】准备设施设备

4. 车辆故障信息

• 依据实际情况填写【车辆原有故障】，车辆原有故障不应影响考核项目顺利进行

车辆原有故障	
车辆设置项目	一、车辆信息记录　二、蓄电池电压检测　三、分析汽车起动机故障
设置评分依据	

评分标准

评分项	得分条件	评分标准	配分	扣分
情意面 （作业安全） （职业操守）	1. 能进行工位 7S 操作（总分 3 分） □ 1.1 整理、整顿（0.5 分） □ 1.2 清理、清洁（1 分） □ 1.3 素养、节约（0.5 分） □ 1.4 安全（1 分） 2. 能进行设备和工具安全检查（总分 3 分） □ 2.1 检查作业所需工具设备是否完备，有无损坏（0.5 分） □ 2.2 检查作业环境是否配备灭火器（0.5 分） □ 2.3 检查检测设备的电量是否充足（1 分） □ 2.4 检查检测设备的插头及电缆的放置位置是否安全（1 分） 3. 能进行实训车辆安全防护操作（总分 3 分） □ 3.1 拉起车辆驻车制动（1 分） □ 3.2 确认车辆安全稳固（1 分） □ 3.3 铺设防护布垫（1 分） 4. 能进行工具量具清洁、校准、存放操作（总分 3 分） □ 4.1 使用前对工具量具进行校准（1 分） □ 4.2 使用后对工具量具进行清洁（1 分） □ 4.3 作业完成后对工具量具进行复位（1 分） 5. 能进行三不落地操作（总分 3 分） □ 5.1 作业过程做到工具量具不落地（1 分） □ 5.2 作业过程做到零件不落地（1 分） □ 5.3 作业过程做到油污不落地（1 分）	依据得分条件进行评分，按要求完成在□打√，未按要求完成在□打×并扣除对应分数，扣分不得超过 15 分	15	

评分项	得分条件	评分标准	配分	扣分
作业面 （保养作业） （拆装作业） （维修作业）	1. 能正确使用维修手册（总分 10 分） □ 1.1 正确操作电子版维修手册（6 分） □ 1.2 正确查阅电源系统电路图（4 分） 2. 能正确使用电源系统电路图（总分 25 分） □ 2.1 能找到蓄电池负极到车身搭铁线缆位置图（5 分） □ 2.2 能找到 X50A 熔断丝盒中 F31UA 7.5 A 熔断丝 KR73 点火主继电器电路图（5 分） □ 2.3 能找到 X50A 熔断丝盒中 F3UA 30 A 熔断丝 KR27 起动机继电器电路图（5 分） □ 2.4 能找到 X50A 熔断丝盒中 F21UA 40 A 熔断丝 KE27C 起动机继电器电路图（5 分） □ 2.5 能找到 G104 搭铁点（5 分）	依据得分条件进行评分，按要求完成在□打√，未按要求完成在□打 × 并扣除对应分数，扣分不得超过 35 分	35	
信息面 （信息录入） （资料应用） （资讯检索）	能正确使用教材、实训设备、维修手册查询资料（总分 15 分） □ 1. 查询蓄电池负极到车身搭铁线缆情况并记录（4 分） □ 2. 查询 X50A 熔断丝盒中 F31UA 7.5 A 熔断丝 KR73 点火主继电器、F3UA 30 A 熔断丝 KR27 起动机继电器、F21UA 40 A 熔断丝 KE27C 起动机继电器，并记录（5 分） □ 3. 查询 G104 搭铁点并记录（3 分） □ 4. 查询 X50A 熔断丝盒中 F31UA 7.5 A 熔断丝情况并记录（2 分） □ 5. 查询 G104 搭铁点连接情况并记录（1 分）	依据得分条件进行评分，按要求完成在□打√，未按要求完成在□打 × 并扣除对应分数，扣分不得超过 15 分	15	
工具及设备的使用能力 （岗位所需工具设备的使用能力） （办公软件的使用能力） （查询软件的使用能力）	□ 1. 能正确选用教材、实训设备、维修手册（电子版）（5 分） □ 2. 能正确使用教材、维修手册（5 分） □ 3. 能正确使用实训设备（5 分）	依据得分条件进行评分，按要求完成在□打√，未按要求完成在□打 × 并扣除对应分数，扣分不得超过 15 分	15	
分析面 （诊断分析） （检测分析） （调校分析）	□能根据维修手册电路图画出起动系统电路控制图（15 分）	依据得分条件进行评分，按要求完成在□打√，未按要求完成在□打 × 并扣除对应分数，扣分不得超过 15 分	15	
表单填写与报告的撰写能力 （纸质工单）	□ 1. 字迹清晰（1 分） □ 2. 语句通顺（1 分） □ 3. 无错别字（1 分） □ 4. 无涂改（1 分） □ 5. 无抄袭（1 分）	依据得分条件进行评分，按要求完成在□打√，未按要求完成在□打 × 并扣除对应分数，扣分不得超过 5 分	5	
合计			100	

任务二 汽车起动机控制线路检测

一、任务导入

张先生驾驶汽车准备去上班，像往常一样起动车辆，但奇怪的是，起动机电磁线圈没有发出往日那熟悉的"咔嗒"声，车辆也毫无动静，无法正常起动。张先生通知4S店前来救援维修，假如你是专业维修工，你将怎样处理这类故障？

二、任务说明

本任务的目的是诊断和修复导致起动机电磁线圈未发出"咔嗒"声的线路控制故障，以恢复车辆的正常起动功能。通过这个过程，参与者将运用学习的起动系统基础知识与维修技能，使用专业工具和设备进行故障诊断，实践团队合作和安全操作。

三、任务准备

1. 工具准备

（1）万用表：用于检测电压、电阻等电气参数。

（2）专用解码器：用于读取和清除车辆故障码。

（3）套装工具：包括扳手、螺丝刀等，用于拆卸和安装零件。

（4）零件车：提供可能需要更换的零件。

（5）工具车：携带各种维修工具。

（6）三件套：个人防护装备，如防护手套、护目镜、工作服等。

（7）实训车辆：用于实际操作的车辆。

2. 工作组织

组织形式：每辆车安排4人，2人一组进行操作，分工合作，一人操作，一人辅助并观察，其余人观察学习。每组实训时间为20~30 min，轮流进行。

四、任务实施

1. 诊断思路及流程

请结合起动控制电路（图2-16）、起动机诊断思路（图2-19），进行操作流程与注意事项的梳理。

起动系统电路故障诊断信息分析如表2-3所示。

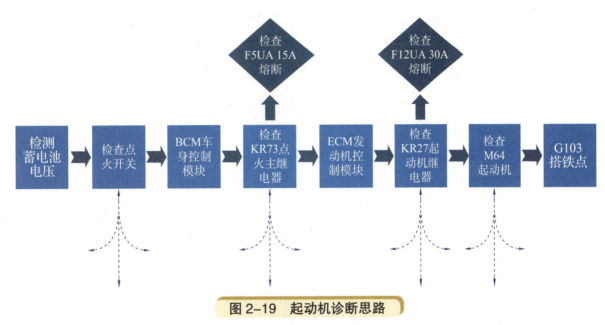

图 2-19　起动机诊断思路

表 2-3　起动系统电路故障诊断信息分析

电路	对搭铁短路	开路/电阻过大	对电压短路	信号性能
KR27 起动机继电器开关 B+ 端子 3	1	1	—	—
KR27 起动机继电器开关控制端子 5	1	1	2	—
KR27C 起动机小齿轮电磁阀执行器继电器开关 B+ 端子 30	3	3	—	—
KR27C 起动机小齿轮电磁阀执行器继电器开关控制端子 87	3	3	4	—
1—起动机电磁线圈未发出"咔嗒"声；2—起动机始终旋转；3—起动机小齿轮不工作；4—起动机小齿轮始终旋转				

2. 整体电路/系统说明

当点火模式开关置于"起动"位置时，离散信号被送至车身控制模块（BCM），通知其点火开关已置于"起动"位置。然后，车身控制模块向发动机控制模块（ECM）发送已经请求起动的串行数据信号。发动机控制模块确认离合器已完全踩下或自动变速器挂驻车挡/空挡。若如此，则发动机控制模块向起动机继电器控制电路提供12 V电压。这时，蓄电池电压通过起动机继电器的开关提供至起动机电磁线圈。电路图如图2-15、图2-16所示。

操作步骤一：电路/系统检验。

（1）将点火开关置于"ON（打开）"位置。

（2）确认没有设置会导致发动机控制模块禁止发动机起动的点火开关、起动机继电器、制动踏板位置传感器、安全防盗系统、发动机或自动变速器故障诊断码（DTC）。如果设置了DTC，参见"故障诊断码（DTC）列表–车辆"。若确认未设置DTC，则执行以下操作。

（3）在尝试起动车辆时确认故障诊断仪上的"BCM 5 V（车身控制模块5 V点火开关）"（不具备按钮起动功能的车辆）或"ECM（发动机控制模块电源模式）"（具备按钮起动功能的车辆）参数显示为"起动请求"。如果参数未显示"起动请求"，参见车辆不会改变电源模式。若参数显示"起动请求"，则执行以下操作。

（4）确认在将变速器变速杆置于驻车挡的情况下，故障诊断仪"变速器控制模块内部模式开关"参数显示为"驻车挡"。如果"TCM（变速器控制模块内部模式开关）"参数未显示"驻车挡"，对于M32变速器，参见变速器内部模式开关逻辑。若"TCM（变速器控制模块内部模式开关）"参数显示为"驻车挡"，则执行以下操作。

（5）确认故障诊断仪上的"ECM（发动机控制模块曲轴位置激活计数器）"参数未增加。若计数器的读数增加，则更换B26曲轴位置传感器。若计数器的读数不增加，则执行以下操作。

（6）确认起动继电器发出"咔嗒"声，并且在点火开关置于"起动"位置时发动机开始起动。如果KR27起动机继电器未发出"咔嗒"声，参见"电路/系统测试"。若KR27起动机继电器发出"咔嗒"声，则表示一切正常。

操作步骤二：电路/系统测试。

（1）将点火开关置于"ON（打开）"位置。

（2）确认故障诊断仪"ECM（发动机控制模块点火1信号）"的参数高于10 V。若等于或低于10 V，则执行以下操作。

①将点火开关置于"OFF（关闭）"位置，断开K20发动机控制模块处的线束连接器。

②测试点火电压电路和搭铁之间的电阻是否为无穷大。若电阻不为无穷大，则修理电路中对搭铁的短路故障。若电阻为无穷大，则执行以下操作。

③测试控制电路端对端的电阻是否小于2 Ω。如果大于或等于2 Ω，则修理电路中的开路/电阻过大故障；若小于2 Ω，则更换K20发动机控制模块。

若高于10 V，则执行以下操作。

（3）将点火开关置于"OFF（关闭）"位置，断开KR27起动机继电器，再将点火开关置于"ON（打开）"位置。

（4）确认 B+ 电路端子 3 和搭铁之间的测试灯点亮。若测试灯未点亮且电路熔断丝完好，则执行以下操作。

①将点火开关置于"OFF（关闭）"位置。

②测试 B+ 电路端对端电阻是否小于 2 Ω。若大于或等于 2 Ω，则修理电路中的开路 / 电阻过大故障；若小于 2 Ω，则确认熔断丝未熔断且熔断丝有电压。

若测试灯未点亮且电路熔断丝熔断，则执行以下操作。

（5）将点火开关置于"OFF（关闭）"位置。

（6）测试 B+ 电路和搭铁之间的电阻是否为无穷大。若电阻不为无穷大，则修理电路中对搭铁的短路故障；若电阻为无穷大，则执行以下操作。

①断开 M64 起动电机的 X1 线束连接器。

②测试控制电路端子 3 和搭铁之间的电阻是否为无穷大。若电阻不为无穷大，则修理电路中对搭铁的短路故障；若电阻为无穷大，则更换 M64 起动电机。

如果测试灯点亮，则执行以下操作。

（7）确保施加了驻车制动且 T12 变速器处于驻车挡。在 B+ 电路端子 3 和控制电路端子 5 之间临时安装一根带 30 A 熔断丝的跨接线。

（8）确认 M64 起动电机起动。若 M64 起动电机未起动，则执行以下操作。

①断开 M64 "起动电机"处的 X1 线束连接器。

②测试控制电路端对端的电阻是否小于 2 Ω。若大于 2 Ω，则修理电路中的开路 / 电阻过大故障；若小于 2 Ω，则更换 M64 起动电机。

若 M64 起动电机起动，则执行以下操作。

（9）将点火开关置于"OFF（关闭）"位置，断开 KR27C 起动机小齿轮电磁阀执行器继电器，再将点火开关置于"ON（打开）"位置。

（10）确认 B+ 电路端子 30 和搭铁之间的测试灯点亮。若测试灯未点亮且电路熔断丝完好，则执行以下操作。

①将点火开关置于"OFF（关闭）"位置。

②测试 B+ 电路端对端电阻是否小于 2 Ω。若大于或等于 2 Ω，则修理电路中的开路 / 电阻过大故障；若小于 2 Ω，则确认熔断丝未熔断且熔断丝有电压。

若测试灯未点亮且电路熔断丝熔断，则执行以下操作。

（11）将点火开关置于"OFF（关闭）"位置。

（12）测试 B+ 电路和搭铁之间的电阻是否为无穷大。若电阻不为无穷大，则修理电路中对搭铁的短路故障；若电阻为无穷大，则执行以下操作。

①断开 M64 起动电机的 X1 线束连接器。

②测试控制电路端子 3 和搭铁之间的电阻是否为无穷大。若电阻不为无穷大，则修理电

路中对搭铁的短路故障；若电阻为无穷大，则更换 M64 起动电机。

若测试灯点亮，则执行以下操作。

（13）确保拉紧驻车制动器并且自动变速器置于"驻车挡"或手动自动变速器置于空挡。在 B+ 电路端子 30 和控制电路端子 87 之间临时安装一根带 30 A 熔断丝的跨接线。

（14）确认 M64 起动电机小齿轮啮合。若 M64 起动电机小齿轮未啮合，则执行以下操作。

①断开 M64 起动电机处的 X1 线束连接器。

②测试控制电路端对端的电阻是否小于 2 Ω。若大于 2 Ω，则修理电路中的开路 / 电阻过大故障；若小于 2 Ω，则更换 M64 起动电机。

若 M64 起动电机小齿轮啮合，则执行以下操作。

（15）测试或更换 KR27 起动机继电器。

（16）点火起动。

（17）确认 M64 起动电机起动。若 M64 起动电机未起动，则测试或更换 KR27C 起动机小齿轮电磁阀执行器继电器。若 M64 起动电机起动，则表示一切正常。

操作步骤三：部件测试 / 继电器测试。

（1）将点火开关置于"OFF（关闭）"位置，断开 KR27 起动机继电器。

（2）测试端子 85 和 86 之间的电阻是否在 60~180 Ω。若小于 60 Ω 或大于 180 Ω，则更换继电器；若在 60~180 Ω，则执行以下操作。

（3）测量下列端子之间的电阻是否为无穷大：30 和 86、30 和 87、30 和 85、85 和 87。若电阻不为无穷大，则更换继电器；若电阻为无穷大，则执行以下操作。

（4）在继电器端子 85 和 12 V 电压之间安装一根带 20 A 的熔断丝跨接线。将一根跨接线安装在继电器端子 86 和搭铁之间。

（5）测试端子 30 和 87 之间的电阻是否小于 2 Ω。若等于或大于 2 Ω，则更换继电器；若小于 2 Ω，则表示一切正常。

五、任务评价

起动机控制线路检测

任务评分表

姓名		组别			
作业开始时间		作业结束时间		总计 / 分	
汽车电气系统故障诊断与维修任务评分表					
任务：汽车起动机控制线路检测					
作业情景： • 若选用整车请填写【1. 车辆信息】； • 选用的整车或台架具备功能需符合【应具备正常系统功能】栏					

1. 车辆信息					
品牌		整车型号		生产日期	
发动机型号		发动机排量		行驶里程	
车辆识别码					
应具备正常系统功能	起动系统、点火系统、燃油喷射系统、进气系统、排气系统功能需正常				

2. 使用资料情况
根据选用整车或发动机台架填写【使用维修手册】及【使用其他的资料】信息

使用维修手册	品牌：　　　　车型：　　　　年份： □中文版　□英文版	□电子版　□纸质版

3. 使用设施设备情况
• 依据【使用设施设备】填写【学校实际使用设施设备名称】及【品牌】；
• 需按【要求数量】准备设施设备

4. 车辆故障信息
• 依据实际情况填写【车辆原有故障】，车辆原有故障不应影响考核项目顺利进行

车辆原有故障	
车辆设置项目	一、车辆信息记录　二、蓄电池电压检测　三、检测汽车起动机控制线路
设置评分依据	

评分标准

评分项	得分条件	评分标准	配分	扣分
情意面 （作业安全） （职业操守）	1. 能进行工位 7S 操作（总分 3 分） □ 1.1 整理、整顿（0.5 分） □ 1.2 清理、清洁（1 分） □ 1.3 素养、节约（0.5 分） □ 1.4 安全（1 分） 2. 能进行设备和工具安全检查（总分 3 分） □ 2.1 检查作业所需工具设备是否完备，有无损坏（0.5 分） □ 2.2 检查作业环境是否配备灭火器（0.5 分） □ 2.3 检查检测设备的电量是否充足（1 分） □ 2.4 检查检测设备的插头及电缆的放置位置是否安全（1 分） 3. 能进行实训车辆安全防护操作（总分 3 分） □ 3.1 拉起车辆驻车制动（1 分） □ 3.2 确认车辆安全稳固（1 分） □ 3.3 铺设防护布垫（1 分） 4. 能进行工具量具清洁、校准、存放操作（总分 3 分） □ 4.1 使用前对工具量具进行校准（1 分） □ 4.2 使用后对工具量具进行清洁（1 分） □ 4.3 作业完成后对工具量具进行复位（1 分） 5. 能进行三不落地操作（总分 3 分） □ 5.1 作业过程做到工具量具不落地（1 分） □ 5.2 作业过程做到零件不落地（1 分） □ 5.3 作业过程做到油污不落地（1 分）	依据得分条件进行评分，按要求完成在□打√，未按要求完成在□打 × 并扣除对应分数，扣分不得超过 15 分	15	

评分项	得分条件	评分标准	配分	扣分
作业面 （保养作业） （拆装作业） （维修作业）	1. 能正确使用维修手册（总分10分） □ 1.1 正确操作电子版维修手册（6分） □ 1.2 正确查阅电源系统电路图（4分） 2. 能正确使用电源系统电路图（总分25分） □ 2.1 能找到蓄电池负极到车身搭铁线缆并检查（5分） □ 2.2 能找到 X50A 熔断丝盒中 F31UA 7.5 A 熔断丝 KR73 点火主继电器（5分） □ 2.3 能找到 X50A 熔断丝盒中 F3UA 30 A 熔断丝 KR27 起动机继电器并检查（5分） □ 2.4 能找到 X50A 熔断丝盒中 F21UA 40 A 熔断丝 KE27C 起动机继电器并检查（5分） □ 2.5 能找到 G104 搭铁点并检查（5分）	依据得分条件进行评分，按要求完成在□打√，未按要求完成在□打×并扣除对应分数，扣分不得超过35分	35	
信息面 （信息录入） （资料应用） （资讯检索）	能正确使用教材、实训设备、维修手册查询资料（总分15分） □ 1. 查询蓄电池负极到车身搭铁线缆（2分） □ 2. 查询 X50A 熔断丝盒中 F31UA 7.5 A 熔断丝 KR73 点火主继电器、F3UA 30 A 熔断丝 KR27 起动机继电器、F21UA 40 A 熔断丝 KE27C 起动机继电器，并记录（5分） □ 3. 查询 G104 搭铁点（3分） □ 4. 记录蓄电池负极到车身搭铁线缆情况（2分） □ 5. 记录 X50A 熔断丝盒中 F31UA 7.5 A 熔断丝情况（2分） □ 6. 记录 G104 搭铁点连接情况（1分）	依据得分条件进行评分，按要求完成在□打√，未按要求完成在□打×并扣除对应分数，扣分不得超过15分	15	
工具及设备的使用能力 （岗位所需工具设备的使用能力） （办公软件的使用能力） （查询软件的使用能力）	□ 1. 能正确选用教材、实训设备、维修手册（电子版）（5分） □ 2. 能正确使用教材、维修手册（5分） □ 3. 能正确使用实训设备（5分）	依据得分条件进行评分，按要求完成在□打√，未按要求完成在□打×并扣除对应分数，扣分不得超过15分	15	
分析面 （诊断分析） （检测分析） （调校分析）	□ 1. 能找到蓄电池负极到车身搭铁线缆并检查（5分） □ 2. 能找到 X50A 熔断丝盒中 F3UA 30 A 熔断丝 KR27 起动机继电器并检查（5分） □ 3. 能分析 G104 搭铁点连接情况（5分）	依据得分条件进行评分，按要求完成在□打√，未按要求完成在□打×并扣除对应分数，扣分不得超过15分	15	
表单填写与报告的撰写能力 （纸质工单）	□ 1. 字迹清晰（1分） □ 2. 语句通顺（1分） □ 3. 无错别字（1分） □ 4. 无涂改（1分） □ 5. 无抄袭（1分）	依据得分条件进行评分，按要求完成在□打√，未按要求完成在□打×并扣除对应分数，扣分不得超过5分	5	
合计			100	

任务三 汽车起动机检查与更换

一、任务导入

张先生驾驶汽车准备去上班,像往常一样起动车辆,但奇怪的是,起动机电磁线圈没有发出往日那熟悉的"咔嗒"声,车辆也毫无动静,无法正常起动。张先生通知 4S 店前来救援维修,假如你是专业维修工,你将怎样处理这类故障?

二、任务说明

本任务的目的是诊断和修复导致起动机电磁线圈未发出"咔嗒"声的故障,经检测起动系统控制电路正常,判断故障车辆起动机损坏需更换。通过这个过程,参与者将运用学习的起动系统基础知识与维修技能,使用专业工具和设备进行故障诊断,实践团队合作和安全操作。

三、任务准备

1. 工具准备

(1)万用表:用于检测电压、电阻等电气参数。

(2)专用解码器:用于读取和清除车辆故障码。

(3)套装工具:包括扳手、螺丝刀等,用于拆卸和安装零件。

(4)零件车:提供可能需要更换的零件。

(5)工具车:携带各种维修工具。

(6)三件套:个人防护装备,如防护手套、护目镜、工作服等。

(7)实训车辆:用于实际操作的车辆。

2. 工作组织

组织形式:每辆车安排 4 人,2 人一组进行操作,分工合作,一人操作,一人辅助并观察，其余人观察学习。每组实训时间为 20~30 min，轮流进行。

四、任务实施 >>>

起动机的更换流程。

汽车起动机的检查与更换

汽车起动机的拆装检测

实操－汽车起动机的拆装检测

1. 拆卸步骤

操作步骤一：如图 2-20 所示。

（1）断开连接蓄电池负极的电缆。

（2）举升和顶起车辆。

（3）断开起动机线束插头 2。

（4）拆下发电机和起动机电缆起动导线的螺母 3。

（5）拆下发电机和起动机电缆 4。

注意：拆下起动机搭铁电缆 5，以便于操作起动机螺栓。

（6）拆下起动机搭铁电缆的螺栓 1。

（7）移除起动机搭铁电缆 5。

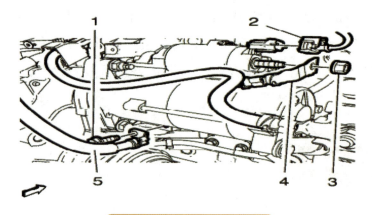

图 2-20　拆卸流程图 1

1—起动机搭铁电缆的螺栓；2—起动机线束插头；3—起动导线的螺母；
4—发电机和起动机电缆；5—起动机搭铁电缆

操作步骤二：如图 2-21 所示。

（1）松开线束固定件 2。

（2）拆下 2 个起动机托架螺栓 3、4。

（3）拆下起动机托架 1。

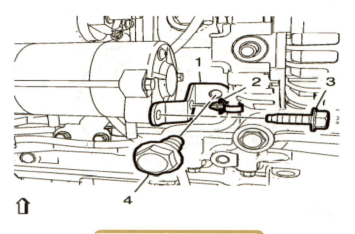

图 2-21　拆卸流程图 2

1—起动机托架；2—线束固定件；3，4—起动机托架螺栓

操作步骤三：如图 2-22 所示。

（1）移除起动机螺栓 3。

（2）移除起动机螺栓 1。

（3）移除起动机 2。

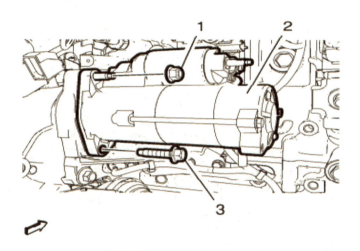

图 2-22　拆卸流程图 3

1，3—起动机螺栓；2—起动机

2. 安装步骤

操作步骤一：参考图 2-23。

（1）安装起动机 2。

（2）安装起动机螺栓 1 并紧固至 58 N·m。

（3）安装起动机螺栓 3 并紧固至 58 N·m。

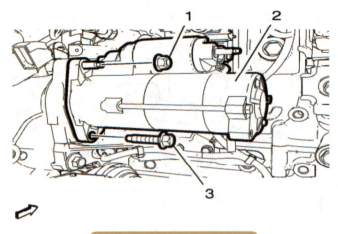

图2-23 安装流程图1

1，3—起动机螺栓；2—起动机

操作步骤二：参考图2-24。

（1）安装起动机托架1。

（2）安装起动机托架螺栓3并紧固至22 N·m。

（3）安装起动机托架螺栓4并紧固至58 N·m。

（4）卡紧线束固定件2。

图2-24 安装流程图2

1—起动机托架；2—线束固定件；3，4—起动机托架螺栓

操作步骤三：参考图2-25。

（1）安装起动机搭铁电缆5。

（2）安装起动机搭铁电缆的螺栓1并紧固至22 N·m。

（3）安装发电机和起动机电缆4。

（4）安装发电机和起动机电缆起动导线的螺母3并紧固至12.5 N·m。

（5）连接起动机线束插头2。

（6）降低车辆。

（7）连接蓄电池负极电缆。

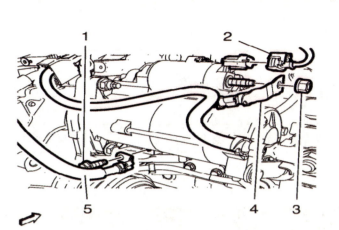

图 2-25　安装流程图 3

1—起动机搭铁电缆的螺栓；2—起动机线束插头；3—起动导线的螺母；
4—发电机和起动机电缆；5—起动机搭铁电缆

五、任务评价

汽车起动机检查与更换

任务评分表

姓名		组别			
作业开始时间		作业结束时间		总计/分	
汽车电气系统故障诊断与维修任务评分表					
任务：汽车起动机检查与更换					
作业情景： • 若选用整车请填写【1.车辆信息】； • 选用的整车或台架具备功能需符合【应具备正常系统功能】栏					
1. 车辆信息					
品牌		整车型号		生产日期	
发动机型号		发动机排量		行驶里程	
车辆识别码					
应具备正常系统功能	起动系统、点火系统、燃油喷射系统、进气系统、排气系统功能需正常				
2. 使用资料情况 根据选用整车或发动机台架填写【使用维修手册】及【使用其他的资料】信息					
使用维修手册	品牌：　　车型：　　年份： □中文版　□英文版			□电子版　□纸质版	
3. 使用设施设备情况 • 依据【使用设施设备】填写【学校实际使用设施设备名称】及【品牌】； • 需按【要求数量】准备设施设备					

4. 车辆故障信息

• 依据实际情况填写【车辆原有故障】，车辆原有故障不应影响考核项目顺利进行

车辆原有故障	
车辆设置项目	一、车辆信息记录　二、蓄电池电压检测　三、检查与更换汽车起动机
设置评分依据	

评分标准

评分项	得分条件	评分标准	配分	扣分
情意面 （作业安全） （职业操守）	1. 能进行工位 7S 操作（总分 3 分） □ 1.1 整理、整顿（0.5 分） □ 1.2 清理、清洁（1 分） □ 1.3 素养、节约（0.5 分） □ 1.4 安全（1 分） 2. 能进行设备和工具安全检查（总分 3 分） □ 2.1 检查作业所需工具设备是否完备有无损坏（0.5 分） □ 2.2 检查作业环境是否配备灭火器（0.5 分） □ 2.3 检查检测设备的电量是否充足（1 分） □ 2.4 检查检测设备的插头及电缆的放置位置是否安全（1 分） 3. 能进行实训车辆安全防护操作（总分 3 分） □ 3.1 拉起车辆驻车制动（1 分） □ 3.2 确认车辆安全稳固（1 分） □ 3.3 铺设防护布垫（1 分） 4. 能进行工具量具清洁、校准、存放操作（总分 3 分） □ 4.1 使用前对工具量具进行校准（1 分） □ 4.2 使用后对工具量具进行清洁（1 分） □ 4.3 作业完成后对工具量具进行复位（1 分） 5. 能进行三不落地操作（总分 3 分） □ 5.1 作业过程做到工具量具不落地（1 分） □ 5.2 作业过程做到零件不落地（1 分） □ 5.3 作业过程做到油污不落地（1 分）	依据得分条件进行评分，按要求完成在□打 √，未按要求完成在□打 × 并扣除对应分数，扣分不得超过 15 分	15	
作业面 （保养作业） （拆装作业） （维修作业）	1. 能正确使用维修手册（总分 10 分） □ 1.1 正确操作电子版维修手册（6 分） □ 1.2 正确查阅电源系统电路图（4 分） 2. 能正确使用电源系统电路图（总分 25 分） □ 2.1 能正确使用举升机举升车辆（5 分） □ 2.2 能找到蓄电池负极到车身搭铁线缆并检查（5 分） □ 2.3 能找到起动机的正确位置（5 分） □ 2.4 能正确使用工具拆卸起动机（5 分） □ 2.5 能正确使用工具安装起动机（5 分）	依据得分条件进行评分，按要求完成在□打 √，未按要求完成在□打 × 并扣除对应分数，扣分不得超过 35 分	35	

续表

评分项	得分条件	评分标准	配分	扣分
信息面 （信息录入） （资料应用） （资讯检索）	能正确使用教材、实训设备、维修手册查询资料 （总分15分） □ 1. 查询蓄电池负极到车身搭铁线缆（2分） □ 2. 查询起动机的拆卸流程（5分） □ 3. 查询起动机的安装流程（3分） □ 4. 记录蓄电池负极到车身搭铁线缆情况（2分） □ 5. 记录起动机外观情况（2分） □ 6. 记录起动机线路连接情况（1分）	依据得分条件进行评分，按要求完成在□打√，未按要求完成在□打×并扣除对应分数，扣分不得超过15分	15	
工具及设备的使用能力 （岗位所需工具设备的使用能力） （办公软件的使用能力） （查询软件的使用能力）	□ 1. 能正确选用教材、实训设备、维修手册（电子版）（5分） □ 2. 能正确使用教材、维修手册（5分） □ 3. 能正确使用实训设备（5分）	依据得分条件进行评分，按要求完成在□打√，未按要求完成在□打×并扣除对应分数，扣分不得超过15分	15	
分析面 （诊断分析） （检测分析） （调校分析）	□ 1. 能找到蓄电池负极到车身搭铁线缆并检查（5分） □ 2. 能找到起动机拆装位置（5分） □ 3. 能正确使用工具进行起动机的拆装工作（5分）	依据得分条件进行评分，按要求完成在□打√，未按要求完成在□打×并扣除对应分数，扣分不得超过15分	15	
表单填写与报告的撰写能力 （纸质工单）	□ 1. 字迹清晰（1分） □ 2. 语句通顺（1分） □ 3. 无错别字（1分） □ 4. 无涂改（1分） □ 5. 无抄袭（1分）	依据得分条件进行评分，按要求完成在□打√，未按要求完成在□打×并扣除对应分数，扣分不得超过5分	5	
合计			100	

项目提升 →

项目二　学习测试

拓展阅读

发动机自动起停技术，也称自动起停系统（STOP&START），是一项旨在提高燃油利用率和减少排放的技术，如图2-26所示。

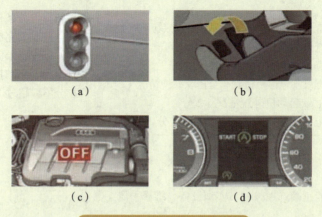

（a）　　　　　　　　（b）

（c）　　　　　　　　（d）

图2-26　自动起停系统

（a）一直踩制动器，直到车辆停止；（b）一直踩住制动器；
（c）发动机自动熄火；（d）在组合仪表上显示信息 Ⓐ

以下是关于这项技术的详细介绍：

1. 工作原理

（1）当车辆在行驶过程中遇到红灯或需要临时停车时，如堵车，发动机起停系统会自动控制发动机熄火，以避免怠速时的燃油消耗。

（2）车辆的电子设备如音响、空调等仍能正常工作，由车辆的蓄电池提供电力。

（3）当驾驶员松开制动踏板或转动转向盘准备继续行驶时，发动机会迅速自动起动。

2. 优点

（1）节省燃油。自动起停功能能够在车辆等待时自动关闭发动机，避免了不必要的燃油消耗，从而节省燃油。

（2）降低排放。发动机关闭时，尾气排放物也随之减少，有助于减少空气污染，保护环境。

（3）提升驾驶体验。自动起停功能能够减小发动机在怠速时的噪声和振动，提升驾驶的舒适性和静谧性。

3. 缺点

（1）频繁起动影响发动机寿命。虽然现代发动机的耐久性已经得到了极大的提升，但频繁的起动和熄火仍然可能对发动机造成一定的磨损。

（2）对起动系统有更高要求。自动起停功能需要快速、准确地起动发动机，这对起动系统的质量和性能提出了更高的要求。

（3）可能导致驾驶员不适。在自动起停功能起动时，发动机的突然熄火和重起可能会让一些驾驶员感到不适或惊慌。

4.使用注意事项

（1）在涉水路段行驶时，应关闭发动机的起停功能，因为发动机在水中熄火后再次起动可能会导致发动机进水损坏。

（2）在空调制冷需求较大的情况下，如果车辆蓄电池电量不足，发动机起停可能会导致空调制冷效果下降。此时，可根据实际情况选择关闭该功能。

（3）对于频繁起停的路况，如短距离拥堵路段，发动机起停系统的频繁工作可能会对起动机和蓄电池造成一定的磨损。如果车主觉得影响驾驶体验，也可以手动关闭。

发动机自动起停技术在提升燃油效率和环保方面具有显著的优势，但在实际使用中，驾驶员需要根据具体的驾驶环境和需求，合理使用这一功能，以充分发挥其优势，并确保行车安全和舒适。

项目三

汽车点火、燃油喷射系统故障诊断与排除

项目说明 →

　　车辆起步抖动甚至熄火是汽车点火与燃油喷射系统常见故障。本项目按照企业工作过程设计任务，介绍相关知识，分析故障现象，确定诊断思路，排除故障。本项目涉及点火系统及燃油喷射系统基础知识、点火系统及燃油喷射系统故障常用维修思路、点火系统及燃油喷射系统典型故障的维修作业流程，融合"岗课赛证"考核内容，实现课程学习与职业资格认证的有机结合。

项目目标 →

知识目标

1. 了解汽车点火系统及燃油喷射系统的工作原理。

2. 掌握汽车点火系统及燃油喷射系统的组成、功用及特点。

3. 掌握点火系统及燃油喷射系统的工作原理。

能力目标

1. 能正确识读汽车点火系统及燃油喷射系统电路图并绘制示意图。

2. 能正确检测汽车火花塞、电子点火模块、喷油器、燃油泵。

3. 能在实车上进行点火系统及燃油喷射系统部件的检查和更换。

素养目标

1. 形成良好的纪律观念，遵守行业法律法规。

2. 树立工具、设备使用的安全意识。

3. 形成良好的团队协作精神；锻炼组织沟通能力，能够与团队其他成员协同解决问题。

知识准备　汽车点火系统基础知识

汽车点火系统组成及工作原理

一、点火系统概述

点火系统是汽油发动机重要的组成部分，其性能良好与否对发动机的功率、油耗和排气污染等影响很大。能够在火花塞两电极间产生电火花的全部设备称为发动机"点火系统"。点火系统通常由蓄电池、发电机、分电器、点火线圈和火花塞等组成。汽车传统点火系统与电控点火系统分别如图 3-1、图 3-2 所示。

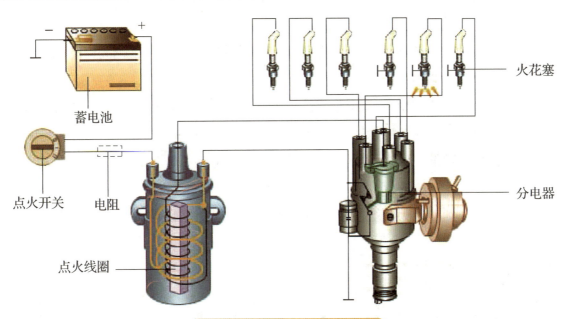

图 3-1　汽车传统点火系统

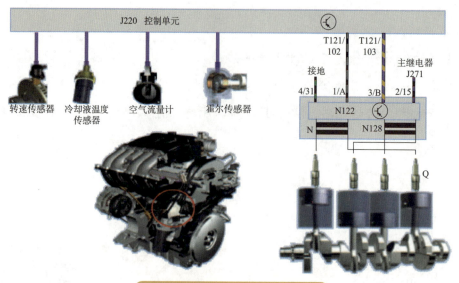

图3-2　汽车电控点火系统

Q—火花塞；N122—功率放大器；N—点火线圈1；N128—点火线圈2

二、点火系统的功用

点火系统将蓄电池或发电机的低压电（12~14 V）变成高压电（20~30 kV），在压缩行程终了时，再按发动机各气缸工作顺序，及时用电火花点燃气缸内可燃混合气体，使发动机运转。

三、点火系统的要求

能产生足以击穿火花塞间隙的电压，火花塞电极击穿而产生火花时所需要的电压称为击穿电压。点火系统产生的次级电压必须高于击穿电压，才能使火花塞跳火。击穿电压的大小受很多因素影响，主要有：

（1）火花塞电极间隙和形状。火花塞电极的间隙越大，击穿电压越高；电极的尖端棱角分明，所需的击穿电压低。

（2）气缸内混合气体的压力和温度。混合气的压力越大，温度越低，击穿电压越高。

（3）电极的温度。火花塞电极的温度越高，电极周围的气体密度越小，击穿电压越低。

（4）电火花点火能量。电火花应具有足够的点火能量（一般为50~80 mJ，起动时需大于100 mJ）。

（5）点火提前时刻。点火系统能根据发动机各种工况提供最佳点火提前时刻。

四、点火系统的分类

按照初级电路的控制方式可分为传统点火系统、晶体管点火系统（也称电子点火系统）、微机控制点火系统；按照高压电的配电方式可分为机械配电点火系统（有分电器点火系统）、电子配电点火系统（无分电器点火系统）。不同类型点火系统工作原理如图 3-3 所示。

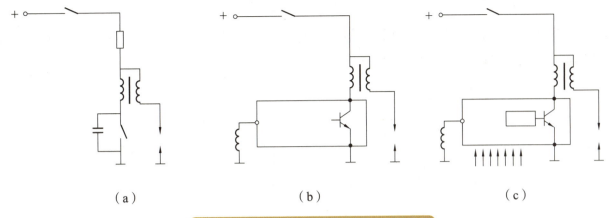

（a）　　　　　　　　　　（b）　　　　　　　　　　（c）

图 3-3　不同类型点火系统工作原理

（a）传统点火系统；（b）电子点火系统；（c）微机控制点火系统

1. 传统点火系统

传统点火系统主要由电源（电池和发电机）、点火开关、点火线圈、电容器、断路器、分电器、火花塞、阻尼电阻和高压导体组成，如图 3-4 所示。该开关用于控制仪表电路、点火系统初级电路和起动机继电器电路的打开和关闭。

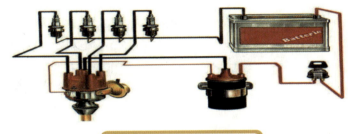

图 3-4　传统点火系统

2. 电子点火系统

电子点火系统最基本的功能是点火提前控制。该系统根据相关传感器的信号，判断发动机的工况和状况，选择最理想的点火提前角点燃混合气，从而改善发动机的燃烧过程，达到提高发动机动力性、经济性和减少排放污染的目的，如图 3-5 所示。

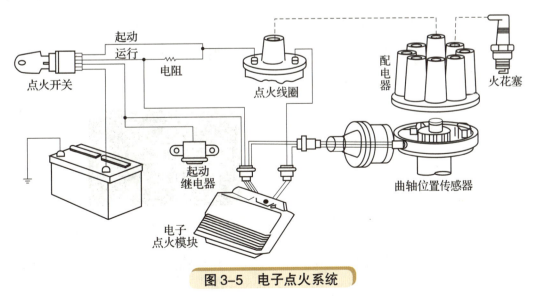

图 3-5　电子点火系统

3. 微机控制点火系统

微机控制点火系统通过传感器检测发动机的转速和负荷，从而查阅内存中存储的最佳控制参数，得到点火线圈初级电路在此工况下的最佳点火提前角和最佳闭合角，通过控制三极管的通断时间来实现控制目的，如图 3-6 所示。

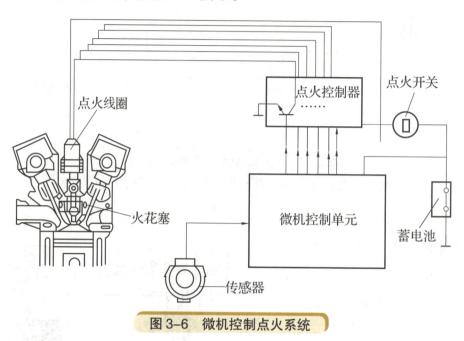

图 3-6　微机控制点火系统

五、点火系统组成

1. 点火系统电源

点火系统电源是蓄电池或者发电机，供给点火系统低压电能，标准电压一般是 12 V。

2. 点火线圈

点火线圈是用来产生高压电的元件，它可将蓄电池或发电机的 12 V 的低压电转变为 15~30 kV 的高压电。点火线圈实质上是一个升压变压器，它由铁芯、低压绕组和高压绕组等组成。点火线圈工作原理如图 3-7 所示。

图 3-7　点火线圈工作原理

点火线圈分开磁路点火线圈和闭磁路点火线圈。开磁路点火线圈的结构与自耦变压器相似，在薄钢片叠成的铁芯上缠有两组绕组，分别为初级（低压）绕组和次级（高压）绕组。

点火线圈的上端装有胶木盖，其中间凸出部分为高压线接线柱，其他为低压接线柱。根据低压接线柱的数量，点火线圈分为二接线柱式和三接线柱式，如图3-8（a）所示；闭磁路点火线圈的结构是在"日"形或"口"形铁芯内绕有两个绕组，其磁力线在铁芯内形成闭合回路，不经过空气，磁损失小，能量利用率高，如图3-8（b）所示。

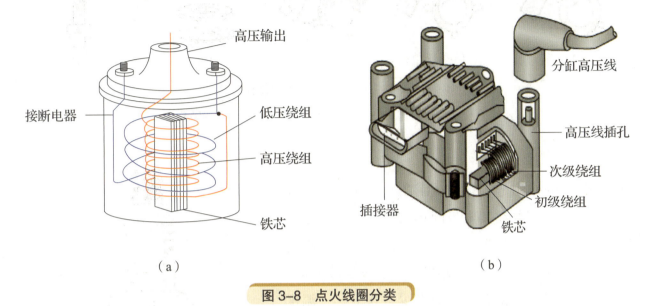

（a）　　　　　　　　　　　　　　　　（b）

图3-8　点火线圈分类

（a）开磁路点火线圈；（b）闭磁路点火线圈

3. 分电器

　　分电器的作用是将高压电按发动机点火顺序分配给各缸。分电器由断电器、配电器、电容器和点火提前调节装置等组成，结构如图3-9所示。分电器盖、分火头装在分电器凸轮轴上，导电片将中央高压电引入旁电极，和旁电极之间有0.25~0.8 mm的间隙；分缸线现在多为阻尼线。

图3-9　分电器结构

4. 点火提前机构

　　点火提前机构的作用是根据发动机的转速、负荷自动改变点火提前角。点火提前机构分为离心提前机构、真空提前机构、辛烷值选择器（人工调节器）等。

5. 信号发生器

　　信号发生器产生点火的信号。信号发生器有霍尔式、电磁感应式、光电式，其结构如图3-10所示。信号发生器一般安装在分电器的底板上，由信号触发转子、感应线圈（绕在铁芯上）、永磁体等组成。

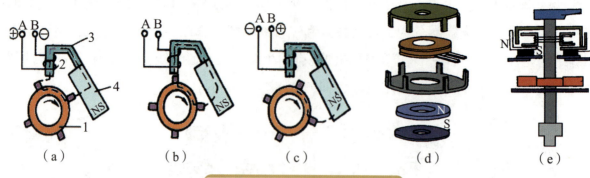

图3-10 信号发生器的结构

（a）~（c）霍尔式；（d）电磁感应式；（e）光电式

6. 火花塞

火花塞的作用是将点火线圈产生的高压电引入发动机的燃烧室并在其电极间形成电火花，点燃可燃混合气。火花塞分为热型和冷型，其中热型火花塞具有裙部较长、吸热多、难散热、温度高等特点；冷型火花塞具有裙部较短、吸热少、易散热、温度低等特点。火花塞的组成如图3-11所示。火花塞的工作条件及对其要求：

（1）受高压燃气冲击及发动机振动作用，故应有足够的机械强度。

（2）受冲击性高电压作用，故应有足够的绝缘强度。

（3）应能承受温度的剧烈变化。

（4）火花塞的电极应采用耐腐蚀材料。

（5）应有适当的电极间隙和安装位置，气密性应良好。

图3-11 火花塞的组成

1—接线螺母；2—高氧化铝陶瓷绝缘体；
3—商标；4—钢质壳体（六角形）；
5—内垫圈（密封导热）；6—密封垫圈；
7—中心电极导电杆；8—火花塞裙部螺纹；
9—电极间隙；10—中心电极和侧电极；
11—型号；12—去干扰电阻

7. ECU（Electronic Control Unit）控制点火系统

ECU控制点火系统由ECU中的微处理器根据曲轴转角传感器的信号确定点火时刻，因而它没有断电器，只有分电器，根据ECU送来的信号直接控制点火线圈初级电路的通断。

综上所述，发动机正常工作时，由于混合气压缩终了的温度接近其自燃温度，仅需要1~5 mJ的火花能量。当在混合气过浓或是过稀，发动机起动、怠速或节气门急剧打开时，则需要较高的火花能量。随着现代发动机对经济性和排气净化要求的提高，迫切需要提高火花能量。因此，为了保证可靠点火，高能电子点火系统一般应具有80~100 mJ的火花能量，起动时应产生高于100 mJ的火花能量。

点火时刻应适应发动机的工作情况。

首先，点火系统应按发动机的工作顺序进行点火。其次，必须在最有利的时刻进行点火。

由于混合气在气缸内燃烧占用一定的时间，所以混合气不应在压缩行程上止点处点火，而应适当提前，使活塞达到上止点时，混合气已得到充分燃烧，从而使发动机获得较大功率。点火时刻一般用点火提前角来表示，即从发出电火花开始到活塞到达上止点为止的一段时间内曲轴转过的角度。

如果点火过迟，当活塞到达上止点时才点火，那么混合气的燃烧主要在活塞下行过程中完成，即燃烧过程在容积增大的情况下进行，使炽热的气体与气缸壁接触的面积增大，因而转变为有效功的热量相对减少，气缸内最高燃烧压力降低，导致发动机过热，功率下降。如果点火过早，由于混合气的燃烧完全在压缩过程进行，气缸内的燃烧压力急剧升高，当活塞到达上止点之前即达最大，使活塞受到反冲，发动机做负功，不仅使发动机的功率降低，还有可能引起爆燃和运转不平稳现象，加速运动部件和轴承的损坏。

✎ 思考与练习

1. 点火系统的基本功能和要求是什么？

2. 试解释一下传统点火系统是由哪些部分组成的。其每个组件的功能是什么？

3. 画出传统点火系统的电路图，并指出高低压电路中电流的流向。

4. 汽车发动机点火系统为什么必须设置真空点火提前和离心点火提前调整装置？它们是如何工作的？

5. 点火提前角是多少？影响点火提前角的因素有哪些？

知识准备 汽车燃油喷射系统基础知识

汽车燃油系统组成及工作原理

一、电控燃油喷射系统概述

电控燃油喷射系统（Electronic Fuel Injection，EFI）是汽油发动机取消化油器而采用的一种先进的喷油装置，从汽油机上普及电控汽油喷射技术，汽油机混合气形成过程中，液体燃料的雾化得到改善，更重要的是可以根据工况的变化精确地控制燃油喷射量，使燃烧更充分，从而提高功率，降低油耗，并满足排放法规的要求，如图3-12所示。

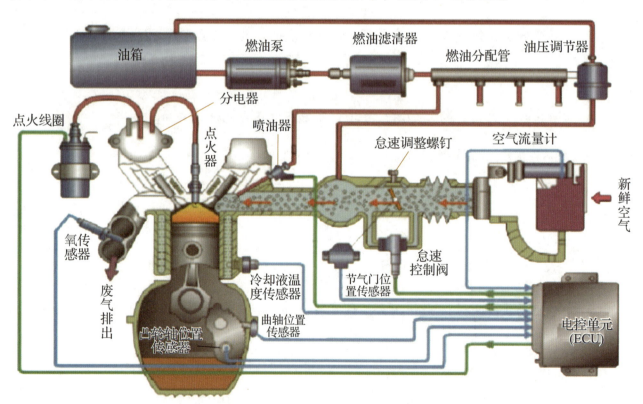

图3-12 电控燃油喷射系统

二、电控燃油喷射系统的功用及特点

电控燃油喷射系统的功用是精确控制燃油喷射量、喷射时间、喷射压力，使喷入气缸内的燃油达到最佳效果，达到动力性、经济性排放最佳效果。

电控燃油喷射系统的特点是精确控制喷油量，动力性、经济性、排放性好；进气阻力小，不需进气预热，充气效率高；多点喷射使各缸混合气分配均匀，排放降低；喷油雾化好，冷起动性好；电子控制系统响应迅速，加、减速灵敏性好；对空燃比反馈控制，排放更低。

三、电控燃油喷射系统的分类

1. 按进气流量的测试方式分类

按进气流量的测试方式，电控燃油喷射系统可分为空气质量流量式、速度 – 密度式和节气门 – 速度式三种。根据所用的空气流量计的不同，空气质量流量式又分为热线式、热模式和卡门旋涡式三种。

2. 按喷油器喷射位置分类

按喷油器喷射位置，电控燃油喷射系统可分为缸内直喷式和进气道喷射式两种，如图 3-13 所示。进气道喷射式，根据喷油器安装位置又分为单点喷射和多点喷射两种。多点喷射系统是指每缸进气门处装有一个中央喷射装置，由 ECU 控制喷射。其燃油分配均匀性好，但控制系统复杂，成本高，主要用于中、高级轿车。单点喷射系统是指在节气门上方装一个中央喷射装置，由 1~2 个喷油器集中喷油。其采用顺序喷射方式，结构简单，故障少、维修调整方便，广泛应用于普通轿车和货车。

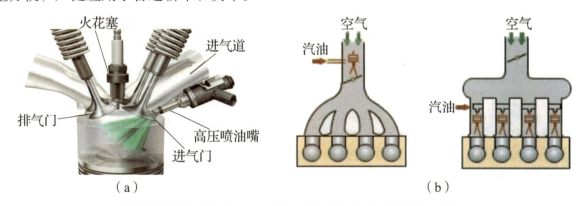

图 3-13 电控燃油喷射系统按喷油器喷射位置分类
（a）缸内直喷式；（b）进气道喷射式

3. 按喷油器喷射时期分类

目前已经普及的电控燃油喷射系统，其喷射方式采用间歇式。间歇式喷射方式按喷油器喷射时期可分为同期喷射和非同期喷射。同期喷射方式包括同时喷射、分组喷射和顺序喷射，如图 3-14 所示。同时喷射是指将各气缸的喷油器并联，所有喷油器由 ECU 的同一个指令控制，同时喷油，同时断油。分组喷射是指将各气缸的喷油器分成几组，同一组喷油器同时喷油或断油。顺序喷射是指各喷油器由 ECU 分别控制，按发动机各气缸的工作顺序喷油。

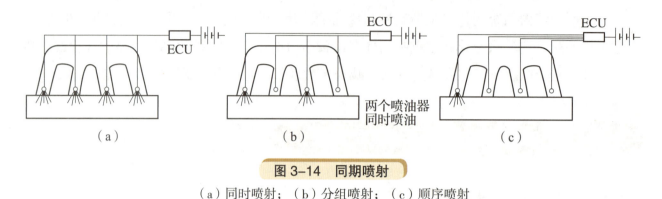

图 3-14　同期喷射

（a）同时喷射；（b）分组喷射；（c）顺序喷射

4. 按有无信号分类

按有无信号，电控燃油喷射系统可分为开环控制系统和闭环控制系统。

开环控制系统（无氧传感器）是指发动机 ECU 根据进气量来确定基本喷油量，再根据水温、蓄电池电压等修正因素修正喷油量，最后控制喷油嘴的喷油脉宽以控制空燃比达到最佳喷油量。但实际上喷出的汽油可能与 ECU 计算的喷油量有一定的误差，这可能是因为积炭、油压等因素导致的实际喷油量与 ECU 计算的喷油量不同。若 ECU 喷油后不对实际喷油量进行监控，则称为开环控制。开环控制系统框图如图 3-15 所示。

图 3-15　开环控制系统框图

闭环控制系统（有氧传感器）是指在系统中，发动机排气管上加装了氧传感器，根据排气中含氧量的变化，判断实际进入气缸的混合气空燃比，再将 ECU 与设定的目标空燃比进行比较，并根据误差修正喷油量。空燃比控制精度较高。在发动机的闭环控制中，通过氧传感器来检查实际喷油量。但是氧传感器在温度较低时不能正常工作，因此在冷车时氧传感器还没有介入工作，ECU 没有办法进行闭环控制，所以冷车时在数据流中会显示开环控制。在急加速和急减速时空燃比控制是一个过渡工况，因此这时的空燃比控制也是开环控制。闭环控制系统框图如图 3-16 所示。

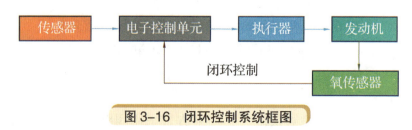

图 3-16　闭环控制系统框图

5. 按空气检测方式不同

1）间接检测法（D型发动机）

间接检测法有两种：一种是根据进气管压力和发动机转速推算出进入气缸的空气量，并计算出喷油量，称为速度密度方式；另一种是根据节气门开度和发动机转速推算出吸入的空气量，并计算出喷油量，称为节流速度方式，如图3-17（a）所示。

2）直接检测法（L型发动机）

直接检测法称为质量流量方式，是利用空气流量计直接测出进入气缸的空气量，再由ECU根据测得的空气流量和发动机转速计算出需要喷射的燃油量，并控制喷油器工作，如图3-17（b）所示。

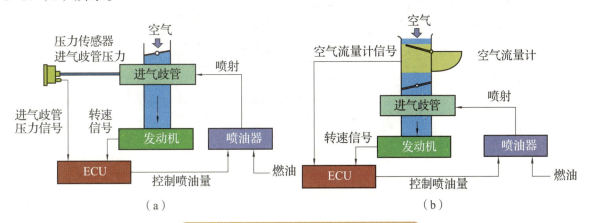

图3-17 D型发动机和L型发动机

（a）D型发动机；（b）L型发动机

四、电控燃油喷射系统的结构

电控燃油喷射系统主要由空气供给系统、燃油供给系统和控制系统三大部分组成，如图3-18所示。

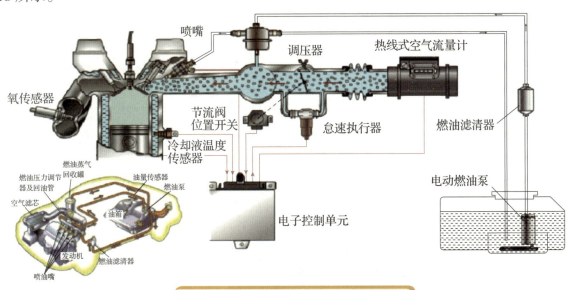

图3-18 电控燃油喷射系统的结构

1. 空气供给系统

质量流量式电控燃油喷射系统的空气供给系统由空气滤清器、空气流量计、节气门体、怠速阀及稳压箱等构成，如图 3-19 所示。

功用：为发动机提供清洁的空气并控制发动机正常工作时的供气量。

原理：空气经空气滤清器过滤后，通过空气流量计、节气门体进入进气总管，再通过进气歧管分配给各缸。

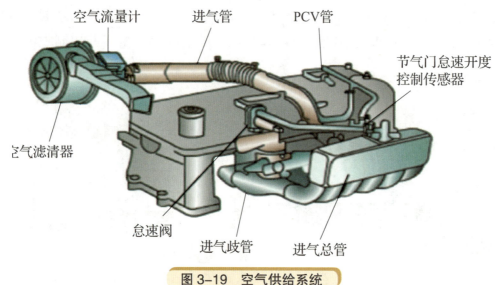

图 3-19 空气供给系统

2. 燃油供给系统

燃油供给系统主要由燃油箱、电动燃油泵、燃油滤清器、油压调节器及喷油器等构成，如图 3-20 所示。

功用：供给喷油器一定压力的燃油，喷油器则根据 ECU 指令喷油。

原理：电动燃油泵将燃油自燃油箱内吸出，经燃油滤清器过滤后，由油压调节器调压，通过油管输送给喷油器，喷油器根据 ECU 指令向进气管喷油。电动燃油泵供给的多余燃油经回油管流回燃油箱。

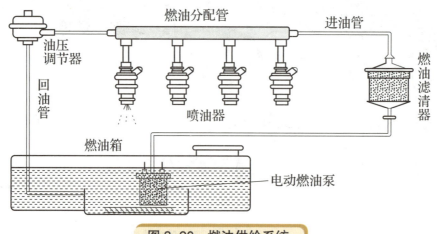

图 3-20 燃油供给系统

3. 控制系统

控制系统主要由传感器、输入/输出电路及执行器等组成，ECU 是控制系统的核心，如图 3-21 所示。

ECU 根据空气流量计信号和发动机转速信号确定基本喷油量，再根据其他传感器对喷油量进行修正，并按最后确定的总喷油时间向喷油器发出指令，使喷油器喷油或断油。

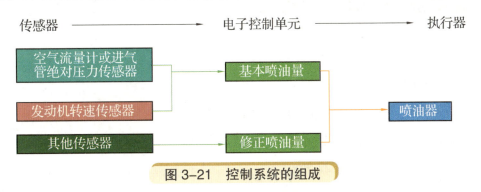

图 3-21 控制系统的组成

五、汽油机电控燃油喷射系统（E7）的控制功能

1. 喷油量控制

电控单元以发动机转速和负荷信号作为主控信号确定基本喷油量，再根据其他相关输入信号加以修正，最后确定实际喷油量。

2. 喷油正时控制

在间歇式电控燃油喷射系统中，当采用顺序喷射时，ECU 不仅要控制喷油量，还要根据发动机各缸的点火顺序，将喷射时间控制在一个最佳的时刻。

3. 断油控制

减速断油控制：汽车行驶中，节气门开度迅速减小，ECU 将切断控制电路停止喷油，用以降低减速时 HC 和 CO 的排放量。当发动机转速降至一特定转速时，又恢复供油。装有电控自动变速器的汽车在行驶中自动升挡时，ECU 发出减速信号，暂时中断个别缸的喷油，以降低发动机转速，从而减轻换挡冲击。

限速断油：当发动机转速超过安全转速或车速超过设计最高车速时，ECU 将会切断控制电路停止喷油，防止超速。

清除溢油控制：当发动机多次起动未能成功时，淤积在气缸内的浓混合气就会浸湿火花塞，使其不能跳火。清除溢油控制就是将发动机加速踏板踩到底，接通起动开关起动发动机时，ECU 控制喷油器中断喷油，以便排除气缸内的燃油蒸气，使火花塞干燥，能够跳火。

4. 燃油泵控制

打开点火开关，ECU 将控制燃油泵工作 2~3 s，在油道中建立油压，此时若不起动发动机，燃油泵将停止工作。在发动机工作过程中，ECU 控制燃油泵正常运转。

六、电子点火系统的诊断

1. 点火系统诊断

1）电路 / 系统说明

本点火系统对每个气缸使用独立的点火线圈 / 模块总成。发动机控制模块（ECM）通过在每个点火线圈 / 模块上的点火控制（IC）电路上发送正时脉冲来控制各个线圈，进行点火。科鲁兹汽车点火系统电路如图 3-22 所示。

根据搭接点火电压电路的位置，很小至中度电阻可能引起缺火或曲轴转动 / 不起动问题。压降测试将查明此情况。

2）电路 / 系统检验

（1）继续进行本诊断前，检查并确认发动机机械状态良好。

（2）确认以下情况：

①点火线圈 / 模块连接正确。

②点火顺序正确。

③火花塞类型正确。

④火花塞间隙和扭矩正确。

2. 燃油喷射系统诊断

1）电路 / 系统说明

当发动机控制模块检测到点火开关置于 ON 位置时，发动机控制模块向燃油泵控制模块提供一个高压信号。从发动机控制模块到燃油泵控制模块的高压信号保持起动状态持续 2 s，除非发动机起动或运行。当接收到该信号，燃油泵控制模块闭合燃油泵的搭铁开关，并且向燃油箱燃油泵模块提供可变电压以保持期望的燃油分配管压力。

燃油喷射系统采用电子无回路请求式设计。无回路燃油喷射系统不使热燃油从发动机返回至燃油箱，以降低燃油箱的内部温度。燃油箱内部温度的降低减少了燃油的蒸发排放。

燃油箱储存燃油。电涡轮型燃油泵连接至燃油箱内的燃油泵模块。燃油泵通过燃油滤清器和燃油供油管路向高压燃油泵提供燃油。燃油泵模块包括一个逆流单向阀。逆流单向阀保持燃油供油管中的燃油压力，以防止起动时间过长。燃油控制 – 喷油器和燃油泵电路如图 3-23 所示，燃油控制 – 蒸发排放和排气再循环电路如图 3-24 所示。

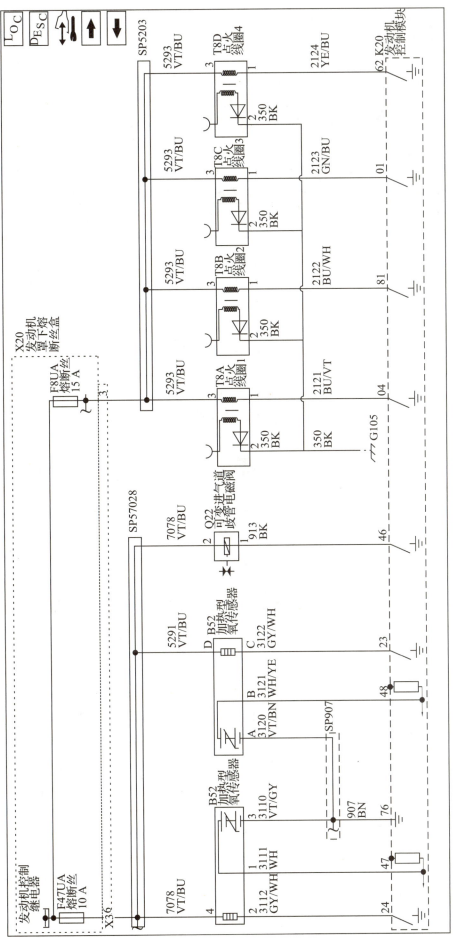

图 3-22　科鲁兹汽车点火系统电路

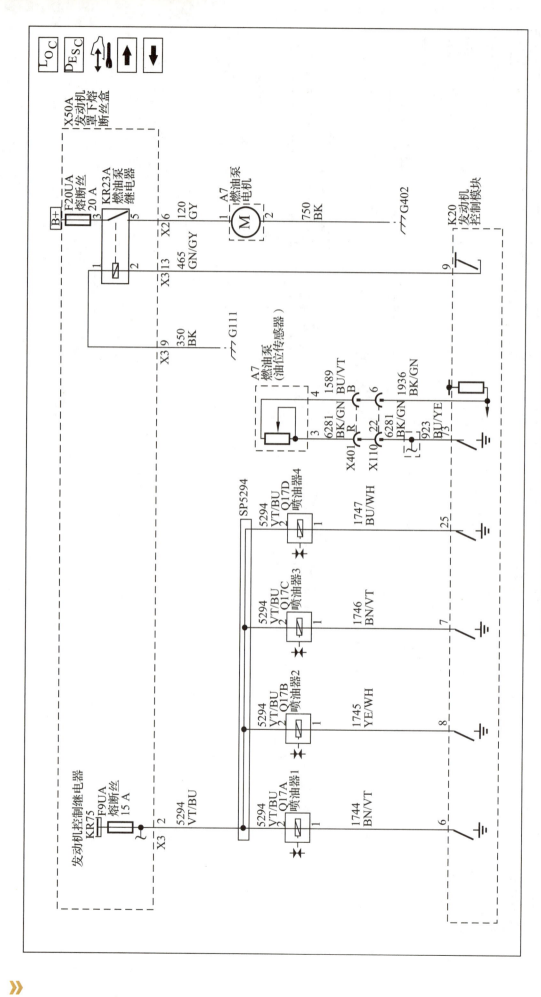

图 3-23 燃油控制-喷油器和燃油泵电路

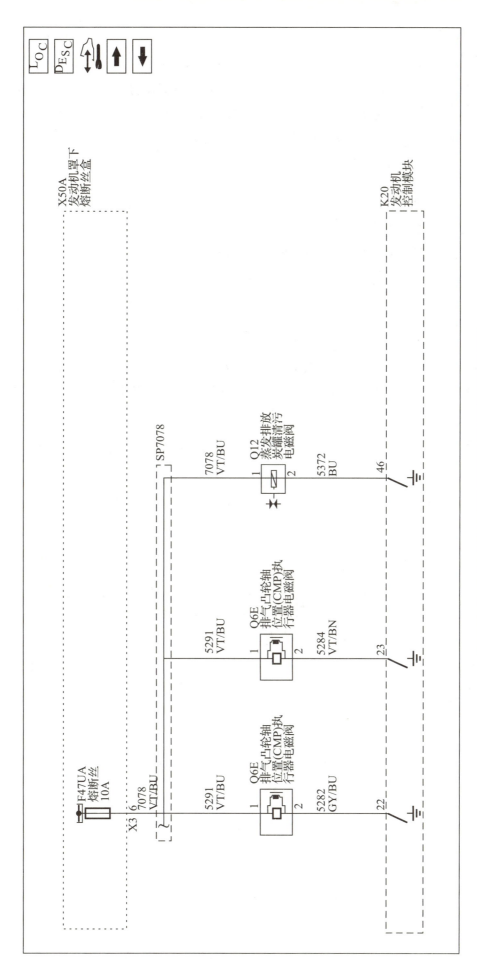

图 3-24　燃油控制－蒸发排放和排气再循环电路

2）电路／系统测试

可能需要指令燃油泵继电器通电数次，以获得尽可能高的燃油压力。切勿起动发动机。

（1）点火开关置于"ON"位置，发动机关闭，使用故障诊断仪指令燃油泵通电，并在燃油泵运行的同时观察燃油压力表，确认燃油压力在 345~414 kPa。

若燃油压力低于规定范围，则测试、检查和修理下列项目。

①燃油滤清器是否堵塞或阻塞。

②燃油供油管是否堵塞。

③检查燃油泵的线束连接器和搭铁电路是否接触不良。

若所有项目测试都正常，则更换燃油泵控制模块。

（2）确认燃油压力在 1 min 内下降不超过 34 kPa。

若燃油压力下降高于规定值，则执行以下程序：

①点火开关置于"OFF"位置，卸去燃油压力。

②将底盘燃油供油软管从发动机舱供油管上断开。

③在底盘燃油供油软管和发动机舱燃油管之间安装 J37287 适配器。

④打开 J37287 上的阀适配器。

⑤点火开关置于"ON"位置，用故障诊断仪指令燃油泵通电并放出燃油压力表内的空气。

⑥用故障诊断仪指令燃油泵通电。

⑦关闭 J37287 上的阀适配器。

⑧监测燃油压力 1 min。若在规定时间内燃油压力降低不超过 34 kPa，则更换燃油泵控制模块。

（3）卸去燃油压力至 69 kPa。确认燃油压力在 5 min 内下降不超过 14 kPa。

若燃油压力下降大于规定范围，则更换燃油泵控制模块。

（4）在客户报修的条件下操作车辆，同时用燃油压力表监测燃油压力。仪表、燃油压力在加速、巡航或转向困难时不应下降。

若燃油压力下降，则测试、检查和修理下列项目。

①燃油滤清器是否堵塞或阻塞。

②燃油供油管是否堵塞。

③检查燃油泵的线束连接器和搭铁电路是否接触不良。

若所有项目测试都正常，则更换燃油泵控制模块。

思考与练习

1. D 型发动机电控燃油喷射系统有什么特点？

2. L 型发动机电控燃油喷射系统有什么特点？

3. 采用电控燃油喷射系统为什么会减少排放污染？

4. 为什么采用电控燃油喷射系统发动机有较好的动力性和经济性？

任务一　汽车点火、燃油喷射系统故障分析

一、任务导入

　　张先生在开车时始终出现车辆起步抖动甚至熄火现象，尤其在上坡起步时车辆抖动更加厉害，提高发动机转速后，运转趋于平稳。张先生开车到 4S 店去维修，假如你是专业维修工，你将怎样处理这类故障？

二、任务说明

针对这项任务分析其故障原因，起步时发动机抖动，转速一旦提高又趋于正常，导致此现象的原因可能是汽车点火系统或燃油喷射系统故障，具体包括低压电路短路；高压无火；燃油压力异常；燃油流量不足；排气系统背压过高；进气歧管真空度异常；点火线圈故障；发动机控制单元故障。

三、任务准备

1. 工具准备

（1）万用表：用于检测电压、电阻等电气参数。

（2）专用解码器：用于读取和清除车辆故障码。

（3）套装工具：包括扳手、螺丝刀等，用于拆卸和安装零件。

（4）零件车：提供可能需要更换的零件。

（5）工具车：携带各种维修工具。

（6）三件套：个人防护装备，如防护手套、护目镜、工作服等。

（7）实训车辆：用于实际操作的车辆。

2. 工作组织

组织形式：每辆车安排4人，2人一组进行操作，分工合作，一人操作，一人辅助并观察，其余人观察学习。每组实训时间为20~30 min，轮流进行。

四、任务实施

1. 常见故障原因分析

1）点火系统故障分析（图3-25）

（1）低压电路短路：打开点火开关，电流表指针不动或小于正常值不摆动，发动机无法起动。该故障原因可能包括供电系统故障（如蓄电池存电严重不足）或线路故障（如蓄电池至分电器触点之间断路）。

（2）高压无火：发动机无着火迹象，无法起动。该故障原因可能包括点火线圈次级线圈断路或短路、分火头漏电、分电器盖漏电、高压线断路、火花塞不良等。

（3）发动机控制单元故障：发动机控制单元损坏或工作异常，导致点火控制逻辑混乱。

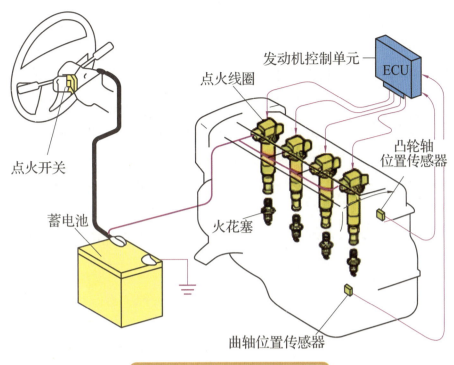

图 3-25　点火系统故障分析

2）燃油喷射系统故障分析（图 3-26）

（1）燃油压力异常：过高或过低的燃油压力会引起混合气体过浓或过稀，导致发动机功率下降、怠速不稳定等问题。

（2）燃油流量不足：燃油泵磨损或滤网堵塞会导致燃油流量降低，引起发动机动力不足。

（3）排气系统背压过高：三元催化器堵塞会导致排气系统背压升高，影响发动机功率。

（4）进气歧管真空度异常：进气歧管真空度变化会影响发动机性能。

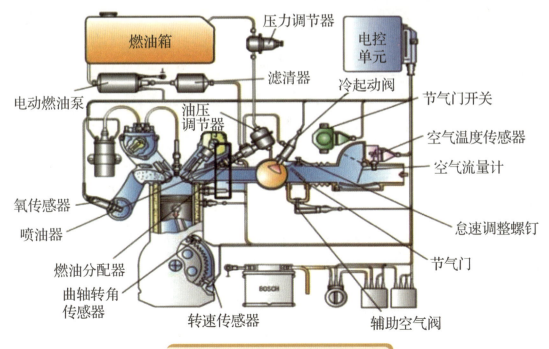

图 3-26　燃油喷射系统故障分析

2 解决方法

1）检查点火系统

（1）检查供电系统：确保蓄电池电量充足，检查蓄电池至点火开关之间的线路是否断路或接触不良。

（2）检查火花塞：观察火花塞的外观，如有积炭或损坏，应更换新的火花塞。同时检查火花塞的间隙是否合适，若不合适则进行调整。

（3）检查高压线：检查高压线的连接是否牢固，有无破损或老化现象。如有异常则应更换新的高压线。

（4）检查点火线圈：拆下点火线圈，检查其外观是否有损坏或老化现象。同时使用测试仪测量其阻值是否正常，若不正常则需更换新的点火线圈。

（5）检查点火控制器：检查点火控制器的线路连接是否牢固，如有松动应重新连接。同时使用测试仪检测其工作是否正常，若不正常则更换新的点火控制器。

（6）检查发动机控制单元：若上述检查均无问题，但故障仍未排除，则可能是发动机控制单元故障。此时需要对发动机控制单元进行检修或更换。

2）检测燃油喷射系统

（1）检测燃油压力：使用燃油系统故障分析仪检测燃油压力，确保其在正常工作范围内。

（2）检查燃油流量：检查燃油泵的工作情况，确保燃油流量正常。

（3）检测排气系统背压：使用压力表检测排气系统背压，确保其在正常范围内。

（4）检测进气歧管真空度：使用真空表检测进气歧管真空度，确保其在正常范围内。

五、任务评价

汽车点火、燃油喷射系统故障分析

任务评分表

姓名		组别			
作业开始时间		作业结束时间		总计/分	
汽车电气系统故障诊断与维修任务评分表					
任务：汽车点火、燃油喷射系统故障分析					
作业情景： • 若选用整车请填写【1.车辆信息】； • 选用的整车或台架具备功能需符合【应具备正常系统功能】栏					
1.车辆信息					
品牌		整车型号		生产日期	
发动机型号		发动机排量		行驶里程	
车辆识别码					

应具备正常系统功能	起动系统、点火系统、燃油喷射系统、进气系统、排气系统功能需正常			

2. 使用资料情况
根据选用整车或发动机台架填写【使用维修手册】及【使用其他的资料】信息

使用维修手册	品牌：　　　　车型：　　　　年份： □中文版　□英文版	□电子版　□纸质版

3. 使用设施设备情况
- 依据【使用设施设备】填写【学校实际使用设施设备名称】及【品牌】；
- 需按【要求数量】准备设施设备

4. 车辆故障信息
- 依据实际情况填写【车辆原有故障】，车辆原有故障不应影响考核项目顺利进行

车辆原有故障	
车辆设置项目	一、车辆信息记录　二、蓄电池电压检测　三、汽车点火系统与燃油喷射系统控制电路检测
设置评分依据	

评分标准

评分项	得分条件	评分标准	配分	扣分
情意面 （作业安全） （职业操守）	1. 能进行工位 7S 操作（总分 3 分） □ 1.1 整理、整顿（0.5 分） □ 1.2 清理、清洁（1 分） □ 1.3 素养、节约（0.5 分） □ 1.4 安全（1 分） 2. 能进行设备和工具安全检查（总分 3 分） □ 2.1 检查作业所需工具设备是否完备，有无损坏（0.5 分） □ 2.2 检查作业环境是否配备灭火器（0.5 分） □ 2.3 检查检测设备的电量是否充足（1 分） □ 2.4 检查检测设备的插头及电缆的放置位置是否安全（1 分） 3. 能进行实训车辆安全防护操作（总分 3 分） □ 3.1 拉起车辆驻车制动（1 分） □ 3.2 确认车辆安全稳固（1 分） □ 3.3 铺设防护布垫（1 分） 4. 能进行工具量具清洁、校准、存放操作（总分 3 分） □ 4.1 使用前对工具量具进行校准（1 分） □ 4.2 使用后对工具量具进行清洁（1 分） □ 4.3 作业完成后对工具量具进行复位（1 分） 5. 能进行三不落地操作（总分 3 分） □ 5.1 作业过程做到工具量具不落地（1 分） □ 5.2 作业过程做到零件不落地（1 分） □ 5.3 作业过程做到油污不落地（1 分）	依据得分条件进行评分，按要求完成在□打√，未按要求完成在□打 × 并扣除对应分数，扣分不得超过 15 分	15	

评分项	得分条件	评分标准	配分	扣分
作业面 （保养作业） （拆装作业） （维修作业）	1. 能正确使用维修手册（总分 10 分） □ 1.1 正确操作电子版维修手册（5 分） □ 1.2 正确查阅点火系统电路图（2 分） □ 1.3 正确查阅燃油喷射系统电路图（3 分） 2. 能正确使用点火系统、喷射系统电路图（总分 25 分） □ 2.1 能找到 X50A 熔断丝盒中 F9UA 15 A 熔断丝 KR75 发动机控制开关继电器电路（8 分） □ 2.2 能找到 X50A 熔断丝盒中 F20UA 20 A 熔断丝 KR75 发动机控制点火继电器电路（7 分） □ 2.3 能找到 X50A 熔断丝盒中 F9UA 15 A 熔断丝 KR75 发动机控制点火继电器电路图（5 分） □ 2.4 能找到 G112、G110、G402 搭铁点（5 分）	依据得分条件进行评分，按要求完成在□打 √，未按要求完成在□打 × 并扣除对应分数，扣分不得超过 35 分	35	
信息面 （信息录入） （资料应用） （资讯检索）	能正确使用教材、实训设备、维修手册查询资料（总分 15 分） □ 1. 查询 G112 车身搭铁线缆并记录（2 分） □ 2. 查询 X50A 熔断丝盒中 F9UA 15 A 熔断丝 KR75 发动机控制开关继电器、F9UA 15 A 熔断丝 KR75 发动机控制点火继电器并记录（5 分） □ 3. 查询 G112 搭铁点并记录（3 分） □ 4. 查询车身搭铁线缆情况并记录（2 分） □ 5. 查询 X50A 熔断丝盒中 F9UA 15 A 熔断丝情况并记录（2 分） □ 6. 查询 G112 搭铁点连接情况并记录（1 分）	依据得分条件进行评分，按要求完成在□打 √，未按要求完成在□打 × 并扣除对应分数，扣分不得超过 15 分	15	
工具及设备的使用能力 （岗位所需工具设备的使用能力） （办公软件的使用能力） （查询软件的使用能力）	□ 1. 能正确选用教材、实训设备、维修手册（电子版）（5 分） □ 2. 能正确使用教材、维修手册（5 分） □ 3. 能正确使用实训设备（5 分）	依据得分条件进行评分，按要求完成在□打 √，未按要求完成在□打 × 并扣除对应分数，扣分不得超过 15 分	15	
分析面 （诊断分析） （检测分析） （调校分析）	□ 能根据维修手册电路图画出点火系统与燃油喷射系统电路控制图（15 分）	依据得分条件进行评分，按要求完成在□打 √，未按要求完成在□打 × 并扣除对应分数，扣分不得超过 15 分	15	
表单填写与报告的撰写能力 （纸质工单）	□ 1. 字迹清晰（1 分） □ 2. 语句通顺（1 分） □ 3. 无错别字（1 分） □ 4. 无涂改（1 分） □ 5. 无抄袭（1 分）	依据得分条件进行评分，按要求完成在□打 √，未按要求完成在□打 × 并扣除对应分数，扣分不得超过 5 分	5	
合计			100	

任务二　汽车点火、燃油喷射系统控制线路检测

一、任务导入

　　张先生在驾驶汽车时发现车辆起动困难，起步时易出现拉动剧烈甚至熄火等状况；低速行驶时有明显抖动及动力不足，高速时抖动消失；更换火花塞、喷油器后，此现象仍未解决，可能是点火系统与燃油喷射系统控制线路出现故障。

二、任务说明

　　本任务的目的是诊断和修复导致发动机起动困难、起步抖动等状况，以恢复车辆的正常起动。在任务实施过程中，参与者将运用所学的点火系统与燃油喷射系统基础知识与维修技能，使用专业工具和设备进行故障诊断，实践团队合作和安全操作。

三、任务准备

1. 工具准备

　　（1）万用表：用于检测电压、电阻等电气参数。

　　（2）专用解码器：用于读取和清除车辆故障码。

　　（3）套装工具：包括扳手、螺丝刀等，用于拆卸和安装零件。

　　（4）零件车：提供可能需要更换的零件。

　　（5）工具车：携带各种维修工具。

　　（6）三件套：个人防护装备，如防护手套、护目镜、工作服等。

　　（7）实训车辆：用于实际操作的车辆。

2. 工作组织

　　组织形式：每辆车安排 4 人，2 人一组进行操作，分工合作，一人操作，一人辅助并观察，其余人观察学习。每组实训时间为 20~30 min，轮流进行。

四、任务实施

1. 点火系统诊断思路及流程

（1）在使用该诊断程序前，执行诊断系统，检查车辆。

（2）有关诊断方法的概述，请查阅诊断策略。

（3）诊断程序说明提供每种诊断类别的概述。

（4）请结合图3-22所示的点火系统电路与图3-27所示的汽车点火系统及燃油喷射系统故障诊断思路，对操作流程与注意事项进行梳理。汽车点火系统电路与燃油喷射系统电路故障诊断信息分析分别如表3-1、表3-2所示。

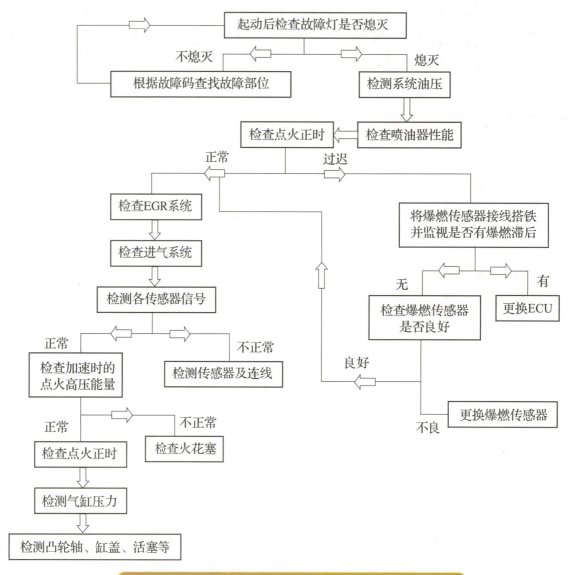

图3-27 汽车点火系统及燃油喷射系统故障诊断思路

表 3-1 汽车点火系统电路故障诊断信息分析

电路	对搭铁短路	开路 / 电阻过大	对电压短路	信号性能
进气凸轮轴位置执行器点火电磁阀	—	P001000	—	—
进气凸轮轴位置执行器控制电磁阀	P208800	P001000	P208900	P000A00
排气凸轮轴位置执行器点火电磁阀	—	P001300	—	—
排气凸轮轴位置执行器控制电磁阀	P209000	P001300	P209100	P000B00、P001400

表 3-2 汽车燃油喷射系统电路故障诊断信息分析

电路	对搭铁短路	开路 / 电阻过大	对电压短路	信号性能
燃油泵电源电压	—	—	—	—
蓄电池电压 – 继电器控制	—	—	—	—
燃油泵继电器搭铁	P062800	P062900	P062900	—
燃油泵搭铁	—	—	—	—

2. 整体电路 / 系统说明（图 3-28 和图 3-29）

发动机正在运行时，进气凸轮轴位置执行器电磁阀和排气凸轮轴位置执行器电磁阀系统启用发动机控制模块以改变凸轮轴正时。来自发动机控制模块的进气凸轮轴位置执行器电磁阀和排气凸轮轴位置执行器电磁阀信号是经过脉宽调制（PWM）的信号。发动机控制模块通过控制电磁阀的通电时间，以控制进气凸轮轴位置执行器电磁阀和排气凸轮轴位置执行器电磁阀的占空比。进气凸轮轴位置执行器电磁阀和排气凸轮轴位置执行器电磁阀控制每个凸轮轴的提前或延迟。进气凸轮轴位置执行器电磁阀和排气凸轮轴位置执行器电磁阀控制用于向提前或延迟凸轮轴施加压力的机油流量。点火电压直接提供至进气凸轮轴位置执行器电磁阀和排气凸轮轴位置执行器电磁阀。发动机控制模块通过一个称为驱动器的固态装置将控制电路搭铁，从而控制进气凸轮轴位置执行器电磁阀和排气凸轮轴位置执行器电磁阀。驱动器中配备了连接至电压的一个反馈电路。发动机控制模块监测反馈电压，以确定控制电路是否开路、对搭铁短路或对电压短路。

1）电路 / 系统检验（点火开关位于"OFF"）

（1）将点火开关置于"OFF（关闭）"位置，所有车辆系统关闭，断开相应的 T8 点火线圈的线束连接器。可能需要 2 min 才能让所有车辆系统断电。

（2）测试搭铁电路端子 2 和搭铁之间的电阻是否小于 5 Ω。若等于或高于 5 Ω，则执行以下操作。

①将点火开关置于"OFF（关闭）"位置。

②测试搭铁电路端对端的电阻是否小于 2 Ω。若为 2 Ω 或更大，则修理电路中的开路 / 电阻过大故障；若小于 2 Ω，则修理搭铁连接中的开路 / 电阻过大故障。

若小于 5 Ω，则执行以下操作。

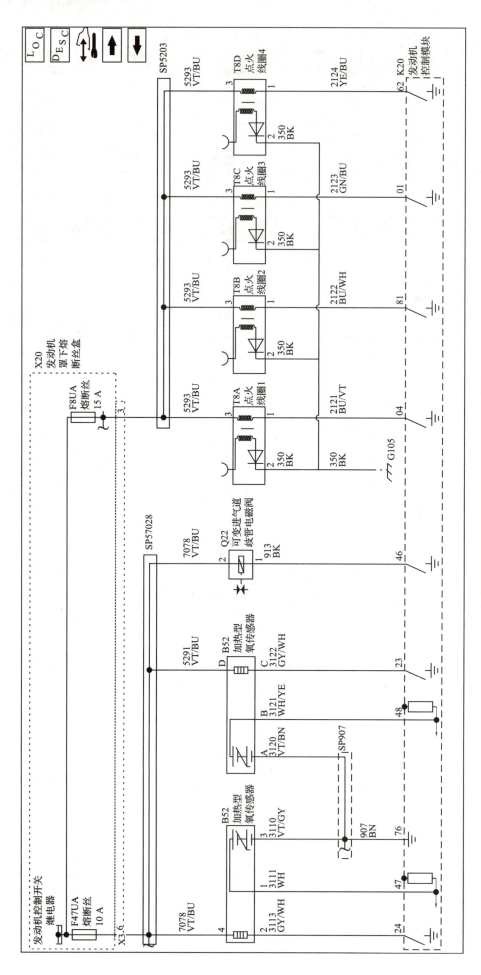

图 3-28 汽车点火系统电路图

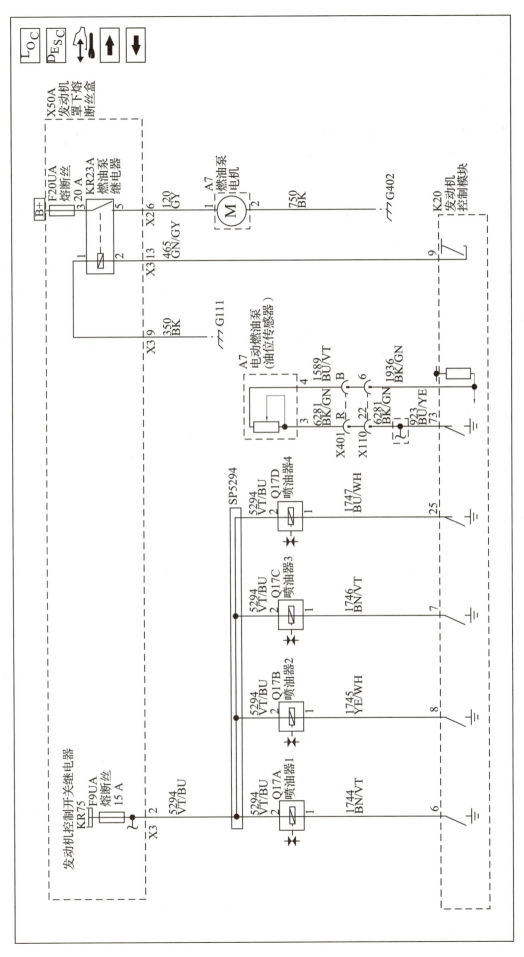

图 3-29　汽车燃油喷射系统电路图

（3）将点火开关置于"ON（打开）"位置。

（4）确认点火电路端子3和搭铁之间的测试灯点亮。若测试灯未点亮，且电路熔断丝状态良好，则执行以下操作。

①将点火开关置于"OFF（关闭）"位置。

②测试点火电路端对端的电阻是否小于2 Ω。若为2 Ω或更大，则修理电路中的开路/电阻过大故障；若小于2 Ω，则确认熔断丝未熔断且熔断丝处有电压。

若测试灯未点亮，且电路熔断丝熔断，则执行以下操作。

注意：点火电路可向其他部件提供电压，确保测试所有共用点火电路的电路和部件是否对搭铁短路。

③将点火开关置于"OFF（关闭）"位置，拆下测试灯，并断开电路上的所有部件。

④测试点火电路和搭铁之间的电阻是否为无穷大。若电阻不为无穷大，则修理电路上的对地搭铁短路故障；若电阻为无穷大，则执行以下操作。

⑤更换熔断丝，将点火开关置于"ON（打开）"位置。

⑥每次连接一个部件，并在连接后确认熔断丝状态是否良好。若熔断丝熔断，则更换在连接时使熔断丝熔断的部件；若熔断丝未熔断，则全部正常。

若测试灯点亮，则执行以下操作。

（5）将点火开关置于"OFF（关闭）"位置，使用已知有效气缸的T8点火线圈更换可疑的T8点火线圈。

（6）发动机运转。

（7）确认在被拆下可疑T8点火线圈的气缸上，故障诊断仪的"Cylinder 1~4 Current Misfire Counter（气缸1~4当前缺火计数器）"参数未增加。若参数增加，则更换K20发动机控制模块；若参数未增加，则测试或更换T8点火线圈。

2）电路/系统检验（点火开关位于"ON"）

（1）将点火开关置于"ON（打开）"位置。

（2）确认没有设置会导致发动机控制模块禁止发动机起动的点火开关、起动机继电器、制动踏板位置传感器、安全防盗系统、发动机或自动变速器DTC。若设置了DTC，则参见"故障诊断码（DTC）列表 – 车辆"，若确认未设置DTC，则执行以下操作。

（3）在尝试起动车辆时确认故障诊断仪上的"BCM 5 V（车身控制模块5 V点火开关）"（不具备按钮起动功能的车辆）或"ECM（发动机控制模块电源模式）"（具备按钮起动功能的车辆）参数为"起动请求"。若参数未显示"起动请求"，则参见车辆不会改变电源模式。若参数显示"起动请求"，则执行以下操作。

（4）确认在将变速器变速杆置于驻车挡的情况下故障诊断仪"TCM（变速器控制模块内部模式开关）"参数显示"驻车挡"。若"TCM（变速器控制模块内部模式开关）"参数未显示"驻车挡"，则对于M32变速器，需参见变速器内部模式开关逻辑。若"TCM（变速器控制模块内部模式开关）"参数显示"驻车挡"，则执行以下操作。

（5）确认故障诊断仪上的"ECM（发动机控制模块曲轴位置激活计数器）"参数未增加。若计数器的读数增加，则更换 B26 曲轴位置传感器；若计数器的读数不增加，则执行以下操作。

（6）确认起动继电器发出"咔嗒"声，并且在点火开关置于"ON"位置时发动机开始起动。若 KR27 起动机继电器未发出"咔嗒"声，则参见"电路／系统测试"；若 KR27 起动机继电器发出"咔嗒"声，则一切正常。

3）电路／系统测试

（1）将点火开关置于"ON（打开）"位置。

（2）确认故障诊断仪"ECM（发动机控制模块点火 1 信号）"参数高于 10 V。若等于或低于 10 V，则执行以下操作。

①将点火开关置于"OFF（关闭）"位置，断开 K20 发动机控制模块处的线束连接器。

②测试点火电压电路和搭铁之间的电阻是否为无穷大。若电阻不为无穷大，则修理电路中对搭铁短路故障。若电阻为无穷大，则执行以下操作。

③测试控制电路端对端的电阻是否小于 2 Ω。若大于或等于 2 Ω，则修理电路中的开路／电阻过大故障；若小于 2 Ω，则更换 K20 发动机控制模块。

若"ECM（发动机控制模块点火 1 信号）"参数高于 10 V，则执行以下操作。

（3）将点火开关置于"OFF（关闭）"位置，断开 KR27 起动机继电器，再将点火开关置于"ON（打开）"位置。

（4）确认 B+ 电路端子 3 和搭铁之间的测试灯点亮。若测试灯未点亮且电路熔断丝完好，则执行以下操作。

①将点火开关置于"OFF（关闭）"位置。

②测试 B+ 电路端对端电阻是否小于 2 Ω。若大于或等于 2 Ω，则修理电路中的开路／电阻过大故障；若小于 2 Ω，则确认熔断丝未熔断且熔断丝有电压。

若测试灯未点亮且电路熔断丝熔断，则执行以下操作。

③将点火开关置于"OFF（关闭）"位置。

④测试 B+ 电路和搭铁之间的电阻是否为无穷大。若电阻不为无穷大，则修理电路中对搭铁短路故障。若电阻为无穷大，则执行以下操作。

⑤断开 M64 起动机的 X1 线束连接器。

⑥测试控制电路端子 3 和搭铁之间的电阻是否为无穷大。若电阻不为无穷大，则修理电路中对搭铁短路故障；若电阻为无穷大，则更换 M64 起动机。

若测试灯点亮，则执行以下操作。

（5）确保施加了驻车制动且 T12 变速器处于驻车挡。在 B+ 电路端子 3 和控制电路端子 5 之间临时安装一根带 30 A 熔断丝的跨接线。

（6）确认 M64 起动机起动。若 M64 起动机未起动，则执行以下操作。

①断开 M64 起动机处的 X1 线束连接器。

②测试控制电路端对端的电阻是否小于 2 Ω。若大于 2 Ω，则修理电路中的开路 / 电阻过大故障；若小于 2 Ω，则更换 M64 起动机。若 M64 起动机起动，则执行以下操作。

（7）将点火开关置于"OFF（关闭）"位置，断开 KR27C 起动机小齿轮电磁阀执行器继电器，再将点火开关置于"ON（打开）"位置。

（8）确认 B+ 电路端子 30 和搭铁之间的测试灯点亮。若测试灯未点亮且电路熔断丝完好，则执行以下操作。

①将点火开关置于"OFF（关闭）"位置。

②测试 B+ 电路端对端电阻是否小于 2 Ω。若大于或等于 2 Ω，则修理电路中的开路 / 电阻过大故障；若小于 2 Ω，则确认熔断丝未熔断且熔断丝有电压。

若测试灯未点亮且电路熔断丝熔断，则执行以下操作。

①将点火开关置于"OFF（关闭）"位置。

②测试 B+ 电路和搭铁之间的电阻是否为无穷大。若电阻不为无穷大，则修理电路中对搭铁短路故障；若电阻为无穷大，则执行以下操作。

③断开 M64 起动机的 X1 线束连接器。

④测试控制电路端子 3 和搭铁之间的电阻是否为无穷大。若电阻不为无穷大，则修理电路中对搭铁短路故障；若电阻为无穷大，则更换 M64 起动机。

若测试灯点亮，则执行以下操作。

（9）确保拉紧驻车制动器并且自动变速器置于"驻车挡"或手动自动变速器置于空挡。在 B+ 电路端子 30 和控制电路端子 87 之间临时安装一根带 30 A 熔断丝的跨接线。

（10）确认 M64 起动机小齿轮啮合。若 M64 起动机小齿轮未啮合，则执行以下操作。

①断开 M64 起动机处的 X1 线束连接器。

②测试控制电路端对端的电阻是否小于 2 Ω。若大于 2 Ω，则修理电路中的开路 / 电阻过大故障；若小于 2 Ω，则更换 M64 起动机。若 M64 起动机小齿轮啮合，则执行以下操作。

（11）测试或更换 KR27 起动机继电器。

（12）点火起动。

（13）确认 M64 起动机起动。若 M64 起动机未起动，则测试或更换 KR27C 起动机小齿轮电磁阀执行器继电器。若 M64 起动机起动，则一切正常。

4）部件 / 继电器测试

（1）将点火开关置于"OFF（关闭）"位置，断开 KR27 起动机继电器。

（2）测试端子 85 和 86 之间的电阻是否在 60~180 Ω。若小于 60 Ω 或大于 180 Ω，则更换继电器；若在 60~180 Ω，则执行以下操作。

（3）测量下列端子之间的电阻是否为无穷大：

①30 和 86；

②30 和 87；

③30 和 85；

④85 和 87。

若电阻不为无穷大，则更换继电器。若电阻为无穷大，则执行以下操作。

（4）在继电器端子 85 和 12 V 电压之间安装一根带 20 A 的熔断丝跨接线。将一根跨接线安装在继电器端子 86 和搭铁之间。

（5）测试端子 30 和 87 之间的电阻是否小于 2。若等于或大于 2 Ω 则更换继电器；若小于 2 Ω，则一切正常。

五、任务评价

汽车点火、燃油喷射系统控制线路检测

任务评分表

姓名		组别			
作业开始时间		作业结束时间		总计 / 分	
汽车电气系统故障诊断与维修任务评分表					
任务：汽车点火、燃油喷射控制线路检测					
作业情景： • 若选用整车请填写【1. 车辆信息】； • 选用的整车或台架具备功能需符合【应具备正常系统功能】栏					
1. 车辆信息					
品牌		整车型号		生产日期	
发动机型号		发动机排量		行驶里程	
车辆识别码					
应具备正常系统功能	起动系统、点火系统、电控燃油喷射系统、进气系统、排气系统功能需正常				
2. 使用资料情况 根据选用整车或发动机台架填写【使用维修手册】及【使用其他的资料】信息					
使用维修手册	品牌：　　　　车型：　　　　年份： □中文版　　□英文版			□电子版　　□纸质版	
3. 使用设施设备情况 • 依据【使用设施设备】填写【学校实际使用设施设备名称】及【品牌】； • 需按【要求数量】准备设施设备					
4. 车辆故障信息 • 依据实际情况填写【车辆原有故障】，车辆原有故障不应影响考核项目顺利进行					
车辆原有故障					
车辆设置项目	一、车辆信息记录　　二、蓄电池电压检测　　三、汽车点火与燃油喷射系统控制线路检测				
设置评分依据					
评分标准					

续表

评分项	得分条件	评分标准	配分	扣分
情意面 （作业安全） （职业操守）	1. 能进行工位 7S 操作（总分 3 分） □ 1.1 整理、整顿（0.5 分） □ 1.2 清理、清洁（1 分） □ 1.3 素养、节约（0.5 分） □ 1.4 安全（1 分） 2. 能进行设备和工具安全检查（总分 3 分） □ 2.1 检查作业所需工具设备是否完备，有无损坏（0.5 分） □ 2.2 检查作业环境是否配备灭火器（0.5 分） □ 2.3 检查检测设备的电量是否充足（1 分） □ 2.4 检查检测设备的插头及电缆的放置位置是否安全（1 分） 3. 能进行实训车辆安全防护操作（总分 3 分） □ 3.1 拉起车辆驻车制动（1 分） □ 3.2 确认车辆安全稳固（1 分） □ 3.3 铺设防护布垫（1 分） 4. 能进行工具量具清洁、校准、存放操作（总分 3 分） □ 4.1 使用前对工具量具进行校准（1 分） □ 4.2 使用后对工具量具进行清洁（1 分） □ 4.3 作业完成后对工具量具进行复位（1 分） 5. 能进行三不落地操作（总分 3 分） □ 5.1 作业过程做到工具量具不落地（1 分） □ 5.2 作业过程做到零件不落地（1 分） □ 5.3 作业过程做到油污不落地（1 分）	依据得分条件进行评分，按要求完成在□打√，未按要求完成在□打×并扣除对应分数，扣分不得超过 15 分	15	
作业面 （保养作业） （拆装作业） （维修作业）	1. 能正确使用维修手册（总分 10 分） □ 1.1 正确操作电子版维修手册（6 分） □ 1.2 正确查阅点火系统与燃油喷射系统电路图（4 分） 2. 能正确使用工具进行电源系统的检测（总分 25 分） □ 2.1 能找到蓄电池负极到车身搭铁线缆并检查（5 分） □ 2.2 能找到 X50A 熔断丝盒中 F20UA 20 A 熔断丝 KR75 发动机控制开关继电器（5 分） □ 2.3 能找到 X50A 熔断丝盒中 F9UA 15 A 熔断丝 KR75 发动机控制开关继电器并检查（5 分） □ 2.4 能找到 G112 点火模块搭铁点并检查（5 分） □ 2.5 能找到 G114 发动机 K20A 模块搭铁点并检查（5 分）	依据得分条件进行评分，按要求完成在□打√，未按要求完成在□打×并扣除对应分数，扣分不得超 35 分	35	

评分项	得分条件	评分标准	配分	扣分
信息面 （信息录入） （资料应用） （资讯检索）	能正确使用教材、实训设备、维修手册查询资料（总分15分） □ 1. 查询蓄电池负极到车身搭铁线缆（2分） □ 2. 查询 X50A 熔断丝盒中 F20UA 20 A 熔断丝 KR75 发动机控制开关继电器、F9UA 15 A 熔断丝 KR75 发动机控制开关继电器（5分） □ 3. 查询 G112 和 G114 搭铁点（3分） □ 4. 记录蓄电池负极到车身搭铁线缆情况（3分） □ 5. 记录 G112 和 G114 搭铁点连接情况（2分）	依据得分条件进行评分，按要求完成在□打√，未按要求完成在□打 × 并扣除对应分数，扣分不得超过 15 分	15	
工具及设备的使用能力 （岗位所需工具设备的使用能力） （办公软件的使用能力） （查询软件的使用能力）	□ 1. 能正确选用教材、实训设备、维修手册（电子版）（5分） □ 2. 能正确使用教材、维修手册（5分） □ 3. 能正确使用实训设备（5分）	依据得分条件进行评分，按要求完成在□打√，未按要求完成在□打 × 并扣除对应分数，扣分不得超过 15 分	15	
分析面 （诊断分析） （检测分析） （调校分析）	□ 1. 能找到蓄电池负极到车身搭铁线缆并检查（5分） □ 2. 能找到 X50A 熔断丝盒中 F20UA 20 A 和 F9UA 15 A 熔断丝、KR75 继电器并检查（5分） □ 3. 能找到 G112 与 G114 搭铁点连接情况（5分）	依据得分条件进行评分，按要求完成在□打√，未按要求完成在□打 × 并扣除对应分数，扣分不得超过 15 分	15	
表单填写与报告的撰写能力 （纸质工单）	□ 1. 字迹清晰（1分） □ 2. 语句通顺（1分） □ 3. 无错别字（1分） □ 4. 无涂改（1分） □ 5. 无抄袭（1分）	依据得分条件进行评分，按要求完成在□打√，未按要求完成在□打 × 并扣除对应分数，扣分不得超过 5 分	5	
合计			100	

任务三　汽车点火、燃油喷射系统检查与更换

一、任务导入

　　张先生的汽车起步时，发动机出现起动困难、低速行驶时有明显抖动及动力不足，高速时发动机抖动消失，起步时抖动剧烈，甚至熄火等状况；更换火花塞、喷油器，问题仍未解决，问题可能出现在点火系统与燃油喷射系统控制线路。

二、任务说明

　　本任务的目的是检查与更换故障部位。故障 1 为汽车发动抖动，经检测点火系统线路正常，判断故障原因为车辆点火线圈与火花塞故障；故障 2 为汽车无着火迹象，通过检测可能是燃油泵或喷油器故障。通过此任务，参与者将运用所学的点火系统与燃油喷射系统基础知识与维修技能，使用专业工具和设备进行故障诊断，实践团队合作和安全操作。

三、任务准备

1. 工具准备

　　（1）万用表：用于检测电压、电阻等电气参数。

　　（2）专用解码器：用于读取和清除车辆故障码。

　　（3）套装工具：包括扳手、螺丝刀等，用于拆卸和安装零件。

　　（4）零件车：提供可能需要更换的零件。

　　（5）工具车：携带各种维修工具及专用工具。

　　（6）三件套：个人防护装备，如防护手套、护目镜、工作服等。

　　（7）实训车辆：用于实际操作的车辆。

2. 工作组织

　　组织形式：每辆车安排 4 人，2 人一组进行操作，分工合作，一人操作，一人辅助并观察，其余人观察学习。每组实训时间为 20~30 min，轮流进行。

四、任务实施

火花塞的检查　　火花塞的更换

1. 汽车点火线圈的更换

1）拆卸程序

点火线圈的拆卸流程如图 3-30 所示。

专用工具：EN-6009 点火线圈拆卸 / 安装工具。

（1）将发动机线束 1 从气缸盖上拆下。

（2）断开点火线圈插头 2。

（3）沿箭头所指方向拆下点火线圈盖。

（4）拆下 2 个点火线圈螺栓。

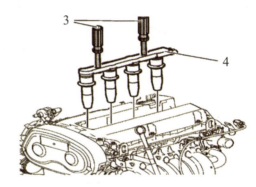

图 3-30　点火线圈的拆卸流程

1—发动机线束；2—点火线圈插头；3—EN-6009 拆卸 / 安装工具；4—点火线圈

（5）安装 EN-6009 拆卸 / 安装工具 3。

（6）拆下点火线圈 4。

（7）拆下 EN-6009 拆卸 / 安装工具 3。

2）安装程序

点火线圈的安装流程（参照图 3-30）：

（1）安装 EN-6009 拆卸 / 安装工具 3。

（2）拆下点火线圈 4。

（3）拆下 EN-6009 拆卸 / 安装工具 3。注意：参见有关紧固件的注意事项。

（4）安装 2 个点火线圈螺栓，并紧固至 9 N·m。

（5）按箭头方向安装点火线圈盖。

（6）连接点火线圈插头 2。

（7）将发动机线束 1 安装至气缸盖。

3）检查流程

火花塞的检查流程如图 3-31 所示。

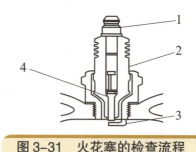

图 3-31　火花塞的检查流程

1—接线柱；2—绝缘体；3—侧电极；4—中心电极

（1）检查接线柱 1 是否损坏：检查接线柱 1 是否弯曲或断裂；通过拧动和拉动接线柱的方式，测试接线柱 1 是否松动。接线柱 1 应不晃动。

（2）检查绝缘体 2 是否击穿或有炭痕、炭黑。这是由接线柱 1 和接地点之间的绝缘体 2 两端之间放电而引起的。检查是否存在以下状况：火花塞套管损坏；气缸盖的火花塞槽部位潮湿，如有机油、冷却液或水。火花塞套管完全受潮后会引起对地的电弧放电。

（3）检查绝缘体 2 有无裂纹。全部或部分电荷可能通过裂缝而不是电极 3、4 进行电弧放电。

（4）检查是否有异常电弧放电迹象。测量中心电极 4 和侧电极 3 端子之间的间隙（参见点火系统规格）。电极间隙过大可能妨碍火花塞正常工作。检查火花塞扭矩是否正确（参见点火系统规格）。扭矩不足可能妨碍火花塞正常工作；火花塞紧固扭矩过大会引起绝缘体 2 开裂。检查绝缘体尖端而不是中心电极 4 附近是否有漏电迹象。检查侧电极 3 是否断裂或磨损。通过摇动火花塞检查中心电极 4 是否断裂、磨损或松动。中心电极 4 若松动会降低火花强度。若听到"喀啦"声则表示内部已损坏。

（5）检查电极 3、4 之间是否存在搭桥短接现象。电极 3、4 上的积炭会减小甚至消除它们的间隙。检查电极 3、4 上的铂层（如装备）是否磨损或缺失。检查电极是否过于脏污。检查气缸盖的火花塞槽部位是否有碎屑。脏污或损坏的螺纹可能导致火花塞在安装过程中不能正确就位。

火花塞的目视检查：

（1）火花塞正常工作时间内棕色至浅灰褐色，且带少量白色粉状沉积物，这是带添加剂的燃油正常燃烧的副产品。

（2）火花塞积炭，是由以下情况产生的干燥、蓬松的黑炭或烟灰：燃油混合气过浓、燃油喷射器泄漏、燃油压力过大、空气滤清器滤芯堵塞、燃烧不良、点火系统电压输出减小、线圈不耐用、点火导线磨损、火花塞间隙不正确。长时间怠速运行或在轻载下低速行驶可导致火花塞始终处于低温状态，使得正常燃烧沉积物无法燃尽。此外，沉积物污染——机油、冷却液或含硅等物质的添加剂（颜色很白的覆盖层）降低了火花强度。大多数粉状沉积物不会影响火花强度，除非它们在电极上形成上釉层。

2. 燃油箱燃油泵模块的更换

1）拆卸程序

燃油箱燃油泵模块的拆卸流程如图 3-32 所示。

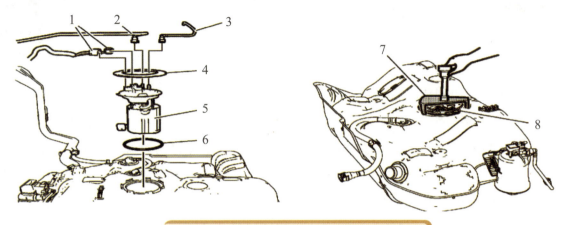

图 3-32 燃油箱燃油泵模块的拆卸流程

1—线束；2—供油管；3—回油管；4，8—锁环；5—燃油箱燃油泵模块；
6—密封件；7—CH-797 拆卸 / 安装工具

（1）拆下油箱。

（2）将供油管 2 和回油管 3 从燃油箱燃油泵模块 5 上断开。

（3）将燃油箱燃油泵模块线束 1 从燃油箱燃油泵模块 5 上断开。

（4）将 CH-797 拆卸 / 安装工具 7 安装到燃油泵模块锁环 8 上。注意:切勿使用冲击工具。松开锁环时需要较大的力，但不推荐使用锤子和螺丝刀。固定燃油箱以防止燃油箱转动。

（5）使用 CH-797 拆卸 / 安装工具和长活动扳杆逆时针转动锁环，以解锁锁环。

（6）拆下燃油箱燃油泵模块锁环 4。

（7）拆下燃油箱燃油泵模块 5。注意：将燃油箱燃油泵模块稍稍向上提起。

（8）拆下并报废燃油泵模块密封件 6。

2）安装程序

燃油箱燃油泵模块的安装参照图 3-32。

（1）安装一个新的燃油泵模块密封件 6。

（2）安装燃油箱燃油泵模块 5。

（3）安装燃油箱燃油泵模块锁环 4。

（4）将 CH-797 拆卸 / 安装工具 7 安装到燃油泵模块锁环 8 上。注意：切勿使用冲击工具。松开锁环时需要较大的力，但不推荐使用锤子和螺丝刀。固定燃油箱以防止燃油箱转动。

（5）使用 CH-797 拆卸 / 安装工具和长活动扳杆顺时针转动锁环，以锁止锁环。

（6）将燃油箱燃油泵模块线束 1 连接至燃油箱燃油泵模块 5。

（7）将供油管 2 和回油管 3 连接至燃油箱燃油泵模块 5。

（8）安装燃油箱。

③ 燃油喷射器的更换

1）拆卸程序

操作步骤一，如图 3-33 所示。

（1）断开蓄电池负极电缆。

（2）拆下曲轴箱强制通风管。

（3）断开以下部件的线束：蒸发排放吹洗阀、喷油器、歧管绝对压力传感器。

（4）将一个接液盘置于下面。警告：汽油或汽油蒸气非常容易燃烧，如果存在火源可能会导致火灾。为防止火灾或爆炸危险，切勿使用敞口容器排出或存放汽油或柴油。请在附近准备一个干式化学（B 级）灭火器。

（5）使用带 EN-34730-91 量表的测试接头释放燃油压力。

（6）用 CH-41769 工具组件断开供油管 1 的快速释放接头。

（7）用 CH-807 螺塞安装并闭合供油管。

（8）拆下蒸发排放炭罐吹洗电磁阀。

操作步骤二，如图 3-34 所示。

（1）拆下 2 个蒸发排放炭罐吹洗电磁阀托架螺栓 2。

（2）将蒸发排放炭罐吹洗电磁阀托架 1 从进气歧管 3 上拆下。

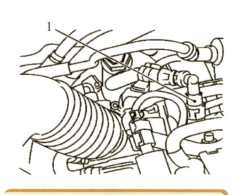

图 3-33　喷油器的拆卸流程（1）

1—供油管

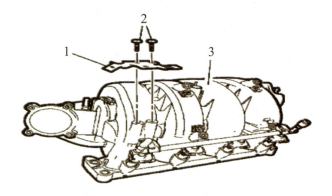

图 3-34　喷油器的拆卸流程（2）

1—蒸发排放炭罐吹洗电磁阀托架；2—托架螺栓；
3—进气歧管

操作步骤三，如图 3-35 所示。

将 4 个喷油器线束插头 1 从喷油器上断开。

操作步骤四，如图 3-36 所示。

（1）拆下 2 个多点燃油喷射燃油导轨螺栓 1。

（2）将带喷油器 3 的多点燃油喷射燃油导轨 2 从进气歧管 5 上拆下。

（3）拆下 4 个喷油器密封件 4，拆下喷油器 3。

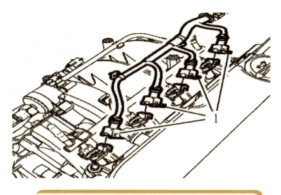

图 3-35　喷油器的拆卸流程（3）
1—线束插头

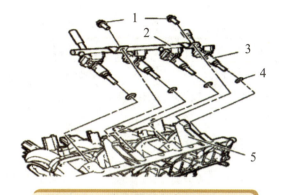

图 3-36　喷油器的拆卸流程（4）
1—螺栓；2—多点燃油喷射燃油导轨；
3—喷油器；4—密封件；5—进气歧管

2）安装程序

操作步骤一，如图 3-37 所示。

（1）安装喷油器。注意：安装新的喷油器密封件，用硅基润滑脂涂抹多点喷油器密封件。

（2）安装喷油器固定件 1。注意：用硅基润滑脂涂抹喷油器密封件。

操作步骤二，参照图 3-36。

（1）安装 4 个新的喷油器密封件 4。

（2）将多点燃油喷射燃油导轨 2 和喷油器 3 安装到进气歧管 5 上。

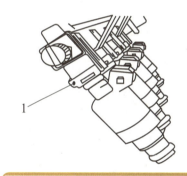

图 3-37　喷油器的安装流程
1—喷油器固定件

（3）安装 2 个多点燃油喷射燃油导轨螺栓并紧固至 8 N·m，将 4 个喷油器线束插头连接到喷油器上。

操作步骤三，参照图 3-34。

将蒸发排放炭罐吹洗电磁阀托架 1 安装至进气歧管 3。

操作步骤四，参照图 3-34。

（1）安装 2 个蒸发排放炭罐吹洗电磁阀托架螺栓 2 并紧固至 7 N·m。

（2）拆下蒸发排放炭罐并吹洗电磁阀。

操作步骤五，参照图 3-33。

（1）拆下封闭螺塞。

（2）连接供油管 1 的快速释放接头。

（3）将线束连接至：蒸发排放炭罐吹洗电磁阀、喷油器、歧管绝对压力传感器。

五、任务评价

汽车点火、燃油喷射系统检查与更换

任务评分表 1

姓名		组别			
作业开始时间		作业结束时间		总计 / 分	
汽车电气系统故障诊断与维修任务评分表					
任务：汽车点火线圈的更换					
作业情景： • 若选用整车请填写【1. 车辆信息】； • 选用的整车或台架具备功能需符合【应具备正常系统功能】栏					
1. 车辆信息					
品牌		整车型号		生产日期	
发动机型号		发动机排量		行驶里程	
车辆识别码					
应具备正常系统功能	起动系统、点火系统、燃油喷射系统、进气系统、排气系统功能需正常				
2. 使用资料情况 根据选用整车或发动机台架填写【使用维修手册】及【使用其他的资料】信息					
使用维修手册	品牌：　　　　车型：　　　　年份： □中文版　□英文版			□电子版　□纸质版	
3. 使用设施设备情况 • 依据【使用设施设备】填写【学校实际使用设施设备名称】及【品牌】； • 需按【要求数量】准备设施设备					
4. 车辆故障信息 • 依据实际情况填写【车辆原有故障】，车辆原有故障不应影响考核项目顺利进行					
车辆原有故障					
车辆设置项目	一、车辆信息记录　　二、点火线圈检测　　三、点火线圈的更换				
设置评分依据					

评分标准					
评分项	得分条件			评分标准	配分	扣分
情意面 （作业安全） （职业操守）	1. 能进行工位 7S 操作（总分 3 分） □ 1.1 整理、整顿（0.5 分） □ 1.2 清理、清洁（1 分） □ 1.3 素养、节约（0.5 分） □ 1.4 安全（1 分） 2. 能进行设备和工具安全检查（总分 3 分） □ 2.1 检查作业所需工具设备是否完备，有无损坏（0.5 分） □ 2.2 检查作业环境是否配备灭火器（0.5 分） □ 2.3 检查检测设备的电量是否充足（1 分） □ 2.4 检查检测设备的插头及电缆的放置位置是否安全（1 分）			依据得分条件进行评分，按要求完成在□打 √，未按要求完成在□打 × 并扣除对应分数，扣分不得超过 15 分	15	

评分项	得分条件	评分标准	配分	扣分
情意面 （作业安全） （职业操守）	3.能进行实训车辆安全防护操作（总分3分） □ 3.1 拉起车辆驻车制动（1分） □ 3.2 确认车辆安全稳固（1分） □ 3.3 铺设防护布垫（1分） 4.能进行工具量具清洁、校准、存放操作（总分3分） □ 4.1 使用前对工具量具进行校准（1分） □ 4.2 使用后对工具量具进行清洁（1分） □ 4.3 作业完成后对工具量具进行复位（1分） 5.能进行三不落地操作（总分3分） □ 5.1 作业过程做到工具量具不落地（1分） □ 5.2 作业过程做到零件不落地（1分） □ 5.3 作业过程做到油污不落地（1分）	依据得分条件进行评分，按要求完成在□打√，未按要求完成在□打×并扣除对应分数，扣分不得超过15分	15	
作业面 （保养作业） （拆装作业） （维修作业）	1.能正确使用维修手册（总分10分） □ 1.1 正确操作电子版维修手册（6分） □ 1.2 正确查阅发电机系统电路图（4分） 2.能正确使用工具进行电源系统的检测（总分25分） □ 2.1 能正确使用举升机，举升车辆（5分） □ 2.2 能找到蓄电池负极到车身搭铁线缆并检查（5分） □ 2.3 能找到点火线圈的正确位置（5分） □ 2.4 能正确使用工具拆卸点火线圈（5分） □ 2.5 能正确使用工具安装点火线圈（5分）	依据得分条件进行评分，按要求完成在□打√，未按要求完成在□打×并扣除对应分数，扣分不得超35分	35	
信息面 （信息录入） （资料应用） （资讯检索）	能正确使用教材、实训设备、维修手册查询资料（总分15分） □ 1.查询蓄电池负极到车身搭铁线缆情况（2分） □ 2.查询点火线圈的拆卸流程（5分） □ 3.查询点火线圈的安装流程（3分） □ 4.记录蓄电池负极到车身搭铁线缆情况（2分） □ 5.记录点火线圈外观情况（2分） □ 6.记录点火线圈线路连接情况（1分）	依据得分条件进行评分，按要求完成在□打√，未按要求完成在□打×并扣除对应分数，扣分不得超过15分	15	
工具及设备的使用能力 （岗位所需工具设备的使用能力） （办公软件的使用能力） （查询软件的使用能力）	□ 1.能正确选用教材、实训设备、维修手册（电子版）（5分） □ 2.能正确使用教材、维修手册（5分） □ 3.能正确使用实训设备（5分）	依据得分条件进行评分，按要求完成在□打√，未按要求完成在□打×并扣除对应分数，扣分不得超过15分	15	
分析面 （诊断分析） （检测分析） （调校分析）	□ 1.能找到蓄电池负极到车身搭铁线缆并检查（5分） □ 2.能找到点火线圈拆装位置（5分） □ 3.能正确使用工具进行点火线圈的拆装工作（5分）	依据得分条件进行评分，按要求完成在□打√，未按要求完成在□打×并扣除对应分数，扣分不得超过15分	15	
表单填写与报告的撰写能力 （纸质工单）	□ 1.字迹清晰（1分） □ 2.语句通顺（1分） □ 3.无错别字（1分） □ 4.无涂改（1分） □ 5.无抄袭（1分）	依据得分条件进行评分，按要求完成在□打√，未按要求完成在□打×并扣除对应分数，扣分不得超过5分	5	
合计			100	

汽车燃油泵与
喷油器的更换

任务评分表 2

姓名		组别			
作业开始时间		作业结束时间		总计 / 分	

汽车电气系统故障诊断与维修任务评分表

任务：汽车燃油泵与喷油器的更换

作业情景：
- 若选用整车请填写【1. 车辆信息】；
- 若选用发动机台架，则具备功能需符合【应具备正常系统功能】栏

1. 车辆信息

品牌		整车型号		生产日期	
发动机型号		发动机排量		行驶里程	
车辆识别码					
应具备正常系统功能	起动系统、点火系统、燃油喷射系统、进气系统、排气系统功能需正常				

2. 使用资料情况

根据选用整车或发动机台架填写【使用维修手册】及【使用其他的资料】信息

使用维修手册	品牌：　　　　车型：　　　　年份： □中文版　　□英文版	□电子版　　□纸质版

3. 使用设施设备情况
- 依据【使用设施设备】填写【学校实际使用设施设备名称】及【品牌】；
- 需按【要求数量】准备设施设备

4. 车辆故障信息
- 依据实际情况填写【车辆原有故障】，车辆原有故障不应影响考核项目顺利进行

车辆原有故障	
车辆设置项目	一、车辆信息记录　二、燃油泵与喷油器的检测　三、燃油泵与喷油器的更换
设置评分依据	

评分标准

评分项	得分条件	评分标准	配分	扣分
情意面 （作业安全） （职业操守）	1. 能进行工位 7S 操作（总分 3 分） □ 1.1 整理、整顿（0.5 分） □ 1.2 清理、清洁（1 分） □ 1.3 素养、节约（0.5 分） □ 1.4 安全（1 分） 2. 能进行设备和工具安全检查（总分 3 分） □ 2.1 检查作业所需工具设备是否完备，有无损坏（0.5 分） □ 2.2 检查作业环境是否配备灭火器（0.5 分） □ 2.3 检查检测设备的电量是否充足（1 分） □ 2.4 检查检测设备的插头及电缆的放置位置是否安全（1 分） 3. 能进行实训车辆安全防护操作（总分 3 分） □ 3.1 拉起车辆驻车制动（1 分） □ 3.2 确认车辆安全稳固（1 分） □ 3.3 铺设防护布垫（1 分）	依据得分条件进行评分，按要求完成在□打√，未按要求完成在□打 × 并扣除对应分数，扣分不得超过 15 分	15	

评分项	得分条件	评分标准	配分	扣分
情意面 （作业安全） （职业操守）	4.能进行工具量具清洁、校准、存放操作（总分3分） □ 4.1 使用前对工具量具进行校准（1分） □ 4.2 使用后对工具量具进行清洁（1分） □ 4.3 作业完成后对工具量具进行复位（1分） 5.能进行三不落地操作（总分3分） □ 5.1 作业过程做到工具量具不落地（1分） □ 5.2 作业过程做到零件不落地（1分） □ 5.2 作业过程做到油污不落地（1分）	依据得分条件进行评分，按要求完成在□打√，未按要求完成在□打×并扣除对应分数，扣分不得超过15分	15	
作业面 （保养作业） （拆装作业） （维修作业）	1.能正确使用维修手册（总分10分） □ 1.1 正确操作电子版维修手册（6分） □ 1.2 正确查阅燃油泵与喷油器系统电路图（4分） 2.能正确使用工具进行电源系统的检测（总分25分） □ 2.1 能正确使用举升机举升车辆（5分） □ 2.2 能找到蓄电池负极到车身搭铁线缆并检查（5分） □ 2.3 能找到燃油泵与喷油器的正确位置（5分） □ 2.4 能正确使用工具拆卸燃油泵与喷油器（5分） □ 2.5 能正确使用工具安装燃油泵与喷油器（5分）	依据得分条件进行评分，按要求完成在□打√，未按要求完成在□打×并扣除对应分数，扣分不得超35分	35	
信息面 （信息录入） （资料应用） （资讯检索）	能正确使用教材、实训设备、维修手册查询资料（总分15分） □ 1.查询蓄电池负极到车身搭铁线缆情况（2分） □ 2.查询燃油泵与喷油器的拆卸流程（5分） □ 3.查询燃油泵与喷油器的安装流程（3分） □ 4.记录蓄电池负极到车身搭铁线缆情况（2分） □ 5.记录燃油泵与喷油器外观情况（2分） □ 6.记录燃油泵与喷油器线路连接情况（1分）	依据得分条件进行评分，按要求完成在□打√，未按要求完成在□打×并扣除对应分数，扣分不得超过15分	15	
工具及设备的使用能力 （岗位所需工具设备的使用能力） （办公软件的使用能力） （查询软件的使用能力）	□ 1.能正确选用教材、实训设备、维修手册（电子版）（5分） □ 2.能正确使用教材、维修手册（5分） □ 3.能正确使用实训设备（5分）	依据得分条件进行评分，按要求完成在□打√，未按要求完成在□打×并扣除对应分数，扣分不得超过15分	15	
分析面 （诊断分析） （检测分析） （调校分析）	□ 1.能找到蓄电池负极到车身搭铁线缆并检查（5分） □ 2.能找到燃油泵与喷油器拆装位置（5分） □ 3.能正确使用工具进行燃油泵与喷油器的拆装工作（5分）	依据得分条件进行评分，按要求完成在□打√，未按要求完成在□打×并扣除对应分数，扣分不得超过15分	15	
表单填写与报告的撰写能力 （纸质工单）	□ 1.字迹清晰（1分） □ 2.语句通顺（1分） □ 3.无错别字（1分） □ 4.无涂改（1分） □ 5.无抄袭（1分）	依据得分条件进行评分，按要求完成在□打√，未按要求完成在□打×并扣除对应分数，扣分不得超过5分	5	
合计			100	

项目提升 →

项目三 学习测试

拓展阅读

DMI超级混动技术革命性内燃机优化与高效能量管理

比亚迪DMI超级混动技术是一项具有深远影响力的创新，其核心在于将高效的内燃机与电动机相结合，优化能源利用和减少油耗。这一创新不仅提升了燃油经济性和环保性能，还为用户带来了全新的驾驶体验。本文将深入探讨比亚迪DMI技术的各个方面，包括其核心组件、工作模式、技术特点和市场表现。

比亚迪DMI超级混动系统由四大核心组件组成：高效内燃机、电动机、电池组和智能能量管理系统。高效内燃机在高负荷或高速行驶时提供强劲动力，而电动机则在低速行驶或起动时提供即时扭矩，从而保证平顺加速和节能。其采用的高能量密度电池组为电动机提供持续电力支持，确保长续航。此外，智能能量管理系统能够实时调配能源，在不同驾驶条件下实现能效最优化。

比亚迪DMI超级混动系统的工作模式灵活多样，能够根据驾驶条件自动切换，最大程度地提高能效。其驱动系统组成如图3-38所示。其主要工作模式包括：

（1）纯电模式：车辆完全依靠电池电力驱动，实现零排放和高效能。

（2）串联模式：内燃机作为发电机为电动机提供电力，适用于电池电量不足时的平稳行驶。

（3）并联模式：内燃机与电动机共同驱动车辆，满足激烈驾驶或快速加速需要。

（4）直驱模式：内燃机直接驱动车辆，适用于高速巡航，从而提升能源转换效率。

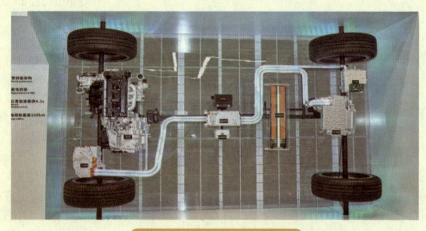

图3-38 驱动系统组成

　　技术特点上，比亚迪DMI凭借其高效发动机、智能模式切换和高安全性能在行业内树立了标杆。其发动机热效率高达46.06%，达到了全球最高水平。车型如秦L的综合续航里程可达2 100 km，且百公里油耗低至2.9 L，表现出色。另一个重要特点是其使用了比亚迪自主研发的刀片电池（图3-39）技术，不仅提升了电池的安全性和耐用性，还显著提高了续航能力和充放电效率。

图3-39　刀片电池

项目四

汽车仪表与照明系统故障诊断与排除

在汽车的日常使用中，仪表与照明系统起着至关重要的作用。仪表能够实时显示车辆的各种运行参数，如车速、发动机转速、水温、油压等，让驾驶员及时了解车辆的工作状态；照明系统则为车辆在夜间行驶或特殊环境下提供必要的光线，确保行车安全。然而，由于长期使用、部件老化、线路故障等原因，汽车仪表与照明系统可能会出现各种故障，如仪表指针异常、指示灯不亮、灯光昏暗或不亮等，这不仅会影响驾驶员对车辆状况的判断，还可能带来安全隐患。因此，掌握汽车仪表与照明系统故障诊断与排除的技能，对于汽车维修人员来说是非常重要的。本项目涉及汽车仪表与照明系统相关知识，训练汽车仪表与照明系统故障诊断与排除的技能，融合"岗课赛证"考核内容，实现课程学习与职业资格认证的有机结合。

项目目标 →

知识目标

1. 了解汽车仪表与照明系统的组成、结构及特点。

2. 熟悉汽车仪表与照明系统电路图的识读方法。

3. 熟悉汽车仪表与照明系统故障诊断思路。

4. 完成汽车仪表与照明系统故障诊断的准备工作。

能力目标

1. 能正确识读汽车仪表与照明系统电路图。

2. 能根据故障现象初步判断故障原因。

3. 能理解汽车仪表与照明系统的工作原理，会对主要部件进行检测。

4. 能根据检测的数据判断故障原因并进行维修。

素养目标

1. 树立安全意识和规范操作意识，在汽车仪表与照明系统的维修和操作过程中，能够严格遵守安全规程，确保个人和他人的安全。

2. 培养环保意识，了解汽车仪表与照明系统对环境可能产生的影响。

3. 培养团队意识，在汽车维修工作中，与团队成员有效沟通，协作解决问题。

知识准备　汽车仪表与照明系统基础知识

一、仪表与照明系统的基本组成

为了使驾驶员能够掌握汽车及各系统的工作情况，在汽车驾驶室内的仪表板上装有各种指示仪表、指示灯及各种报警信号装置。汽车上常用的仪表有车速里程表、发动机转速表、机油压力表、燃油表、冷却液温度（水温）表等，它们通常与各种信号灯一起安装在仪表板上，称为组合仪表，如图4-1所示。

汽车仪表与照明系统基础知识（上）

汽车仪表与照明系统基础知识（下）

图4-1　组合仪表

汽车照明系统由照明灯和信号灯两部分组成。照明灯主要用于照明道路、提高能见度、辅助照明等，包括前照灯、雾灯、牌照灯等。信号灯用于显示车辆的存在和传达车辆行驶状态，包括转向信号灯、制动灯等。汽车灯具如图4-2所示。

图4-2　汽车灯具

二、仪表系统

机械–电子式车速里程表（图4-3）与机械式车速里程表相比，最主要的特点是用传感器取代了软轴，克服了机械式车速里程表指针摆动、软轴易断的缺点。传来的光电脉冲或磁电脉冲信号，经仪表内部的微机处理后，可在显示屏上显示车速。里程表则根据车速及累计运行时间，由微机处理计算并显示里程。车速传感器接在机械式里程表被动齿轮外，与被动齿轮直接接触。

图4-3　机械–电子式车速里程表

纯电子式车速里程表（图4-4）因为没有由里程表主、被动齿轮实际速比与理论速比之间的误差而产生的整车车速与里程的误差，因此指示读数较机械–电子式车速里程表更准确。同时，与机械–电子式车速里程表相比，纯电子式车速里程表互相接触的传动部件减少，损坏率与成本均降低，所以在国内客车行业被广泛使用。

图4-4　纯电子式车速里程表

　　车速里程表由车速表和里程表两部分组成，其中车速表用来指示汽车瞬时行驶速度，里程表可记录汽车行驶总里程和短程里程。车速里程表有磁感应式和电子式两种。车速表和里程表通常安装在同一个壳体中，并由同一根轴驱动或使用同一个传感器。磁感应式车速里程表的构造如图4-5所示。电子式车速里程表由车速里程表传感器、信号处理电路、车速表和里程表组成。其电路如图4-6所示。

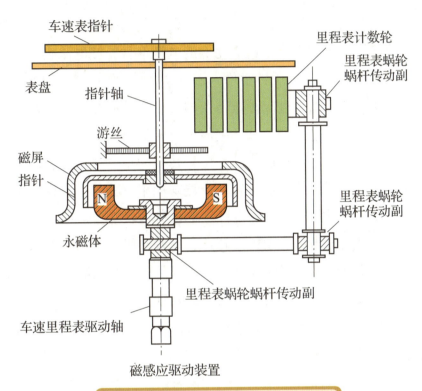

图4-5　磁感应式车速里程表的构造

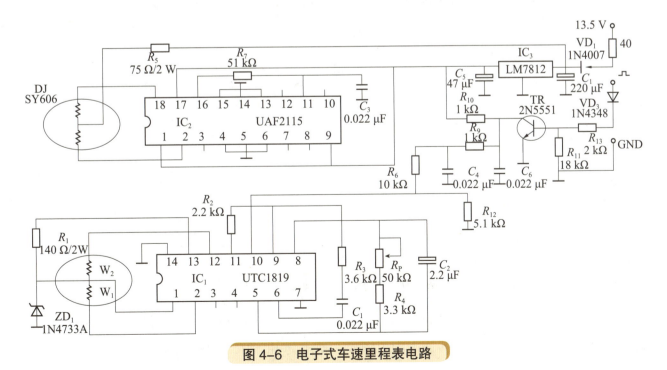

图4-6　电子式车速里程表电路

车速里程表传感器安装在组合仪表内，由变速器经软轴驱动，汽车行驶时它产生正比于汽车行驶速度的信号。它由具有一对或几对触点的舌簧开关和转子组成。

信号处理电路由单稳态触发电路、恒流电路、64分频电路、功率放大电路及电源稳压等电子电路组成。汽车运行时，它将车速传感器输入的脉冲信号，经整形和处理转变为电流信号，并加以放大，以驱动车速表指示车速；同时它还将脉冲信号经分频和功率放大，转变为一定频率的脉冲信号，以驱动里程表步进电机的轴转动，记录汽车的行驶里程。

车速表以一个磁电式电流表作为指示表。汽车以不同的车速运行时，信号处理电路将车速传感器输入的脉冲信号，转变为与车速成比例的电流信号，使电流表的指针偏转，指示出相应的车速。

里程表由步进电动机、六位十进制计数器及内传动齿轮等组成。汽车运行时车速传感器输出的脉冲信号，经信号处理电路分频和功率放大，转变为一定频率的脉冲信号，作用于步进电动机的电磁线圈。步进电动机将这一脉冲信号转变为角位移信号，使电动机轴转动，驱动里程表十进制计数器的六个计数轮依次转动，记录汽车行驶的总里程和单程行驶里程。当需要消除单程行驶里程时，只需按一次复位杆，单程里程表就会归零。

发动机转速表可以直观地指示发动机的转速，是发动机工况信息的指示装置，便于驾驶员选择发动机的最佳速度范围，把握好换挡时机，以及充分利用经济车速等。

发动机转速表有机械式和电子式两种。机械式发动机转速表的结构和工作原理与上述磁感应式车速里程表基本相同。电子式发动机转速表由于结构简单、指示准确、安装方便等优点而在现代车辆中获得广泛应用。

电子式发动机转速表有汽油机用和柴油机用两种类型。前者的转速信号来自点火系统的脉冲电压，后者的转速信号来自曲轴传感器。电子式发动机转速表电路如图4-7所示。

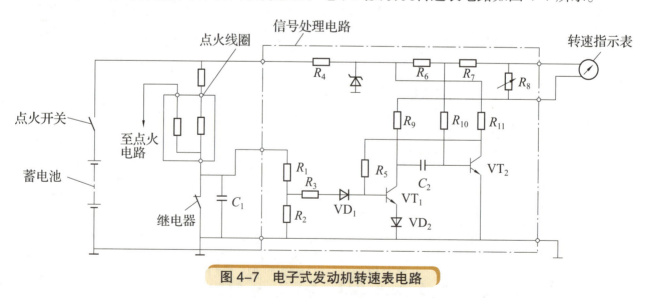

图4-7　电子式发动机转速表电路

目前，一些车型上使用的发动机转速表，采用专用集成电路芯片实现信号的采集和处理，芯片的体积很小，可以安装在转速表内。图4-8所示为BCS215集成电路转速表电路。

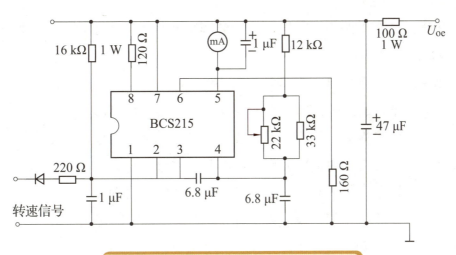

图4-8 BCS215集成电路转速表电路

三、照明系统

1. 照明系统的种类与用途

1）照明系统的种类

汽车照明系统按其安装位置和用途不同，可分为外部照明系统和内部照明系统。

2）信号系统的种类

信号系统主要包括前、后转向灯，危险报警灯，示宽灯，倒车灯，制动灯，后尾灯和音响信号灯等。

3）照明系统的用途

前照灯：俗称大灯，装在汽车头部的两侧，用来照亮车前的道路。前照灯有两灯制和四灯制之分，功率为40~60 W，灯光为白色，包括远光灯和近光灯。

雾灯：在有雾、下雪、暴雨或尘埃弥漫等情况下，用来改善道路的照明情况。每车配备一只或两只雾灯，安装位置比前照灯稍低，一般离地面约50 cm，射出的光线倾斜度大。其光色为黄色或橙色（黄色光波较长，透雾性能好），功率为35~55 W。

示宽灯：俗称小灯，装在汽车前部两侧的边缘，在汽车夜间行驶时，标示汽车的宽度，功率为5~10 W。

转向信号灯：汽车转弯时，发出明暗交替的闪光信号，以表明汽车向左或向右转向行驶。它有前、后、侧转向信号灯之分，一般为橙色，功率为20 W以上。

尾灯：装在汽车的尾部，夜间行驶时，用来警示后面的车辆，以便保持一定的距离，功率为5~10 W。

制动灯：每当踏下制动踏板时，便发出较强的红光，以示制动，以便警示尾随的车辆，防止追尾，功率为20 W以上。

倒车灯：用来照亮车后路面，并警示车后的车辆和行人，表示该车正在倒车，灯光为白色，功率为 20 W。

牌照灯：用来照亮汽车牌照，功率为 5~10 W。

停车灯：夜间停车时，用来标志汽车的存在，功率为 5~10 W。

仪表灯：安装在仪表板上，用来照明仪表，灯光为白色，功率为 2~8 W。

顶灯：装在车厢或驾驶室内顶部，作为内部照明之用，灯光为白色，功率为 5~8 W。

行李厢灯：装于轿车或行李厢内，当开启行李厢盖时，自动发亮。

门灯：装于轿车外张式车门内侧底部，光色为红色，夜间开启车门时，门灯发亮，以提示后来行人及车辆注意避让。

其他辅助用灯：为了便于夜间检修，设有工作灯，经插座与电源相接。一些车辆将汽车后部的尾灯、后转向信号灯、制动灯、倒车灯等组合在一起称为组合后灯；将前照灯、雾灯或前转向信号灯等组合在一起称为组合前灯。

2. 前照灯的照明要求

世界各国交通管理部门一般都以法律形式规定了汽车前照灯的照明标准，以确保夜间行车的安全，基本要求如下：

（1）前照灯应保证车前有明亮而均匀的照明，使驾驶员能看清车前 100 m 以内路面上的任何障碍物。随着高速公路的建成，汽车行驶速度的提高，要求汽车前照灯的照明距离也相应增长，现代有些汽车的前照灯照明距离已达到 200~250 m。

（2）前照灯应具有防止眩目的装置，确保夜间两车迎面相遇时，不使对方驾驶员因产生眩目而造成事故。

为了满足第一个要求，根据光路的可逆性原理，在前照灯的设计和制造上，装置了反射镜、配光镜和灯泡组成的光学系统。为了满足第二个要求，对前照灯的使用做了必要的规章制约，同时还对灯泡结构做了合理的设计。

3. 前照灯的结构

前照灯的光学系统主要包括光源（灯泡）、反射镜、配光镜三部分。

1）灯泡

汽车前照灯灯泡如图 4-9 所示。目前，汽车前照灯灯泡的额定电压有 6 V、12 V 和 24 V 三种。灯泡的灯丝由功率大的远光灯丝和功率较小的近光灯丝组成，由钨丝制作成螺旋状，以缩小灯丝的尺寸，有利于光束的聚合。

图 4-9　汽车前照灯灯泡

为了保证安装时使远光灯丝位于反射镜的焦点上，使近光灯丝位于焦点的上方，故将灯泡的插头制成插片式。插头的凸缘上有半圆形开口，与灯头上的半圆形凸起配合定位。三个插片插入灯头距离不等的三个插孔中，保证其可靠连接。这种插片式灯泡的优点为结构简单，拆装方便，接触性能可靠，并能与全封闭式前照灯通用，因此，国内生产的前照灯灯泡多采用这种结构。

前照灯灯泡是充气灯泡，是把玻璃泡内的空气抽出后，再充满惰性混合气体。一般灯泡中充入的惰性气体为 96% 的氩气和 4% 的氮气。充入灯泡的惰性气体可以在灯丝受热时膨胀，增大压力，减少钨的蒸发，提高灯丝的温度和发光效率，节省电能，延长灯泡的使用寿命。

虽然充气灯泡的周围抽成真空并充满了惰性气体，但是灯丝的钨质点仍然要蒸发，使灯丝损耗。而蒸发出来的钨沉积在灯泡上，使灯泡变黑。近年来，国内外已使用了一种新型的卤钨灯泡，即在灯泡内充以渗入某种卤族元素的惰性气体。

卤族元素是指碘、溴、氯、氟等元素。现在灯泡使用的卤族元素一般为碘或溴，叫作碘钨灯泡或溴钨灯泡。我国目前生产的是溴钨灯泡。

卤钨灯泡是利用卤钨再生循环反应的原理制成的。卤钨再生循环的基本作用过程是：从灯丝蒸发出来的气态钨与卤族反应生成了一种挥发性的卤化钨，它扩散到灯丝附近的高温区又受热分解，使钨重新回到灯丝上，被释放出来的卤族元素继续扩散参与下一次循环反应，如此周而复始地循环下去，从而防止了钨的蒸发，避免灯泡变黑。卤钨灯泡尺寸小，泡壳用耐高温、机械强度较高的石英玻璃制成，所以充入惰性气体的压力较高。

因工作温度高，灯内的工作气压将比其他灯泡高得多，故钨的蒸发也受到更为有力的抑制。

2）反射镜

反射镜一般用 0.6~0.8 mm 的薄钢板冲压而成，表面形状呈旋转抛物面，如图 4-10 所示。其内表面镀银、铝，然后抛光。由于镀铝的反射系数可以达到 94% 以上，机械强度也较好，所以现在一般采用真空镀铝。

由于前照灯灯泡灯丝发出的光度有限，功率仅 45~60 W，如无

图 4-10　反射镜

反射镜，则只能照清汽车灯前 6 m 左右的路面。有了反射镜之后，前照灯照距可达到 150 m 或更远。因此，反射镜的作用就是将灯泡的光线聚合并导向前方。灯丝位于焦点 F 上，灯丝的绝大部分光线向后射在立体角范围内，经反射镜反射后将平行于主光轴的光束射向远方，使光度增强几百倍，甚至上千倍，从而使车前 150 m，甚至 400 m 内的路面照得足够清楚。

3）配光镜

配光镜又称散光玻璃，是用透光玻璃压制而成的，是很多块特殊的棱镜和透镜的组合。其几何形状比较复杂，外形一般为圆形、椭圆形和矩形，如图 4-11 所示。配光镜的作用是将反射镜反射出的平行光束进行折射，使车前路面和路线都有良好而均匀的照明。

图 4-11　配光镜

（1）水平方向散射。

（2）垂直方向折射。

为了弥补具有反射镜的前照灯光束太窄、照明不大的缺点，采用了配光镜。

4. 前照灯避免眩目的措施

（1）采用双丝灯泡，如图 4-12 所示。

图 4-12　双丝灯泡

（2）采用带遮光罩的双丝灯泡，如图 4-13 所示。

图 4-13　带遮光罩的双丝灯泡

（3）采用非对称光形，如图4-14所示。

图4-14　非对称光形

5. 前照灯的类型

通常按前照灯光学系统结构不同，将其分为半封闭式和封闭式两种。

1）半封闭式前照灯

半封闭式前照灯如图4-15所示，其配光镜靠卷曲反射镜边缘上的牙齿而紧固在反射镜上，二者之间垫有橡皮密封圈，灯泡只能从反射镜后端装入。当需要更换损坏的配光镜时，应撬开反射镜外缘的牙齿，安装上新的配光镜后，再将牙齿复原。由于这种灯具减少了对光学系统的影响因素，维修方便，因此得到广泛使用。

图4-15　半封闭式前照灯

2）封闭式前照灯

封闭式前照灯（又叫真空灯）如图4-16所示，其反射镜和配光镜用玻璃制成一体，形成灯泡，里面充以惰性气体。灯丝焊在反射镜底座上，反射镜的反射面经真空镀铝。由于封闭式前照灯完全避免反射镜被污染及遭受大气的影响，因此其反射效率高，照明效果好，使用寿命长，很快得到普及。但当灯丝烧断后，需要更换整个总成，成本高，因此限制了它的使用范围。

图4-16　封闭式前照灯

思考与练习

1. 仪表与照明系统由哪些部分组成？

2. 简述照明系统的种类及作用。

3. 简述汽车仪表与照明系统的工作原理。

任务一　汽车仪表与照明系统故障分析

汽车仪表与照明系统故障诊断与分析

一、任务导入

张先生某晚驾车行驶在一段没有路灯的乡村道路上。当车辆行驶至一个转弯处时，他突然发现右侧前照灯不亮。这突如其来的状况让张先生瞬间紧张起来，他深知车辆的照明系统对行车安全至关重要，任何异常都可能引发潜在的危险。假如你是专业维修工，你将怎样处理这类故障？

二、任务说明

　　本次任务旨在培养学生对汽车仪表与照明系统故障的分析与诊断能力。通过理论知识学习和实际操作训练，学生应能够理解汽车仪表与照明系统的工作原理，掌握常见故障的类型、现象及原因，并能够运用适当的检测工具和方法，准确判断故障点，提出合理的维修方案。

三、任务准备

1. 工具准备

　　（1）万用表：用于检测电压、电阻等电气参数。

　　（2）专用解码器：用于读取和清除车辆故障码。

　　（3）套装工具：包括扳手、螺丝刀等，用于拆卸和安装零件。

　　（4）零件车：提供可能需要更换的零件。

　　（5）工具车：携带各种维修工具。

　　（6）三件套：个人防护装备，如防护手套、护目镜、工作服等。

　　（7）实训车辆：用于实际操作的车辆。

2. 工作组织

　　组织形式：每辆车安排 4 人，2 人一组进行操作，分工合作，一人操作，一人辅助并观察，其余人观察学习。每组实训时间为 20~30 min，轮流进行。

四、任务实施

1. 常见故障原因分析

　　（1）电源部分的故障。电源系统故障导致仪表及照明系统供电异常，蓄电池熔断丝盒出现故障。

　　（2）控制线路部分的故障。点火开关、灯光开关故障，搭铁线路故障及相应控制线路故障。

　　（3）元件故障。仪表本身的故障导致仪表工作异常，照明系统的灯泡损坏、灯座损坏导致其不工作。

2. 解决方法

　　（1）根据故障现象，结合汽车仪表与照明系统的工作原理，分析可能的故障原因。

（2）分析故障是否为真故障，如仪表显示转向灯故障，通过故障现象验证，确定是否属于真故障。

（3）试用专用解码器读故障码、数据流，应用执行器功能判断故障范围。

（4）试用试灯、万用表、示波器等测试电路，判断故障点。

前照灯拆卸流程如图4-17所示。

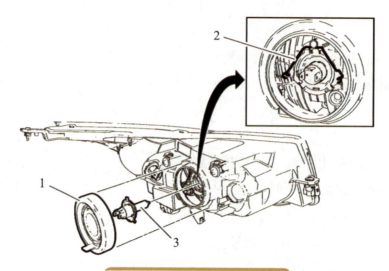

图4-17　前照灯拆卸流程
1—防尘罩；2—灯座固定卡扣；3—汽车车灯

五、任务评价

汽车仪表与照明系统故障分析

任务评分表

姓名		组别			
作业开始时间		作业结束时间		总计/分	
汽车电气系统故障诊断与维修任务评分表					
任务：汽车仪表与照明系统故障分析					
作业情景： • 若选用整车请填写【1.车辆信息】； • 选用的整车或台架具备功能需符合【应具备正常系统功能】栏					
1.车辆信息					
品牌		整车型号		生产日期	
发动机型号		发动机排量		行驶里程	
车辆识别码					
应具备正常系统功能	1.发动机工作正常； 2.电源系统正常				

2. 使用资料情况

根据选用整车或发动机台架填写【使用维修手册】及【使用其他的资料】信息

使用维修手册	品牌：　　　车型：　　　年份： □中文版　□英文版		□电子版　□纸质版
使用其他的资料			
资料名称	种类		类型
多功能万用表使用手册	□电子版　□纸质版		□中文版　□英文版

3. 使用设施设备情况

- 依据【使用设施设备】填写【学校实际使用设施设备名称】及【品牌】；
- 需按【要求数量】准备设施设备

4. 车辆故障信息

- 依据实际情况填写【车辆原有故障】，车辆原有故障不应影响考核项目顺利进行

车辆原有故障	
车辆设置项目	一、车辆信息记录　二、蓄电池电压检测　三、汽车前照灯系统控制电路检测
设置评分依据	

评分标准

评分项	得分条件	评分标准	配分	扣分
情意面 （作业安全） （职业操守）	1. 能进行工位 7S 操作（总分 3 分） □ 1.1 整理、整顿（0.5 分） □ 1.2 清理、清洁（1 分） □ 1.3 素养、节约（0.5 分） □ 1.4 安全（1 分） 2. 能进行设备和工具安全检查（总分 3 分） □ 2.1 检查作业所需工具设备是否完备，有无损坏（0.5 分） □ 2.2 检查作业环境是否配备灭火器（0.5 分） □ 2.3 检查检测设备的电量是否充足（1 分） □ 2.4 检查检测设备的插头及电缆的放置位置是否安全（1 分） 3. 能进行实训车辆安全防护操作（总分 3 分） □ 3.1 拉起车辆驻车制动（1 分） □ 3.2 确认车辆安全稳固（1 分） □ 3.3 铺设防护布垫（1 分） 4. 能进行工具量具清洁、校准、存放操作（总分 3 分） □ 4.1 使用前对工具量具进行校准（1 分） □ 4.2 使用后对工具量具进行清洁（1 分） □ 4.3 作业完成后对工具量具进行复位（1 分） 5. 能进行三不落地操作（总分 3 分） □ 5.1 作业过程做到工具量具不落地（1 分） □ 5.2 作业过程做到零件不落地（1 分） □ 5.3 作业过程做到油污不落地（1 分）	依据得分条件进行评分，按要求完成在□打√，未按要求完成在□打 × 并扣除对应分数，扣分不得超过 15 分	15	

评分项	得分条件	评分标准	配分	扣分
作业面 （保养作业） （拆装作业） （维修作业）	1. 正确使用维修手册（总分10分） □ 1.1 正确操作电子版维修手册（6分） □ 1.2 正确查阅仪表系统电路图（4分） 2. 能正确使用工具进行保险盒的检测（总分25分） □ 2.1 能找到蓄电池熔断丝盒并检查（5分） □ 2.2 能找到X50A熔断丝盒中给仪表、照明系统供电的熔断丝（10分） □ 2.3 能找到X50A熔断丝盒中给仪表、照明系统熔断丝供电的继电器（5分） □ 2.4 能找到G104搭铁点并检查（5分）	依据得分条件进行评分，按要求完成在□打√，未按要求完成在□打×并扣除对应分数，扣分不得超过35分	35	
信息面 （信息录入） （资料应用） （资讯检索）	能正确使用教材、实训设备、维修手册查询资料（总分15分） □ 1. 查询蓄电池负极到车身搭铁线缆（2分） □ 2. 查询X50A熔断丝盒中给仪表、照明系统供电的熔断丝、继电器（5分） □ 3. 查询G104搭铁点（3分） □ 4. 记录蓄电池负极到车身搭铁线缆情况（2分） □ 5. 记录X50A熔断丝盒中损坏的熔断丝情况（2分） □ 6. 记录G104搭铁点连接情况（1分）	依据得分条件进行评分，按要求完成在□打√，未按要求完成在□打×并扣除对应分数，扣分不得超过15分	15	
工具及设备的使用能力 （岗位所需工具设备的使用能力） （办公软件的使用能力） （查询软件的使用能力）	□ 1. 能正确选用教材、实训设备、维修手册（电子版）（5分） □ 2. 能正确使用教材、维修手册（5分） □ 3. 能正确使用实训设备（5分）	依据得分条件进行评分，按要求完成在□打√，未按要求完成在□打×并扣除对应分数，扣分不得超过15分	15	
分析面 （诊断分析） （检测分析） （调校分析）	□ 1. 能找到蓄电池负极到车身搭铁线缆并检查（5分） □ 2. 能找到X50A熔断丝盒中仪表、照明系统供电的熔断丝、继电器（5分） □ 3. 能找到G104搭铁点连接情况（5分）	依据得分条件进行评分，按要求完成在□打√，未按要求完成在□打×并扣除对应分数，扣分不得超过15分	15	
表单填写与报告的撰写能力 （纸质工单）	□ 1. 字迹清晰（1分） □ 2. 语句通顺（1分） □ 3. 无错别字（1分） □ 4. 无涂改（1分） □ 5. 无抄袭（1分）	依据得分条件进行评分，按要求完成在□打√，未按要求完成在□打×并扣除对应分数，扣分不得超过5分	5	
合计			100	

任务二　汽车仪表与照明系统控制线路检测

汽车仪表与照明系统控制线路检测

一、任务导入

在上一任务中，张先生所驾驶车辆的仪表与照明系统出现故障，如发动机故障灯亮起、大灯亮度闪烁不定等。经初步观察与分析可知，这类故障的成因往往与控制线路紧密相关。汽车仪表与照明系统的控制线路，犹如人体的神经系统，承担着传输各类信号的关键职责，确保汽车仪表能够精准显示车辆运行信息，照明系统依据指令正常运作。

当车辆出现类似张先生所遇故障时，除了考虑仪表、灯泡等部件自身的问题，也要检测控制线路是否发生断路、短路或接触不良等状况，这些状况均有可能引发这些故障现象。因此，准确检测控制线路，对于迅速定位并解决汽车仪表与照明系统故障具有举足轻重的意义。接下来，我们将深入学习并实践汽车仪表与照明系统控制线路的检测方法。

二、任务说明

本任务旨在着重培养学生针对汽车仪表与照明系统控制线路的检测能力。通过系统的理论讲解与实际操作训练，学生应全面熟悉控制线路的结构组成与工作原理，熟练掌握运用各类检测工具对线路展开全面检测的方法技巧，能够依据检测结果精准判断线路是否存在故障以及故障的具体位置，并针对所发现的故障提出合理且可行的修复建议。

三、任务准备

1.　工具准备

（1）万用表：用于检测电压、电阻等电气参数。

（2）专用解码器：用于读取和清除车辆故障码。

（3）套装工具：包括扳手、螺丝刀等，用于拆卸和安装零件。

（4）零件车：提供可能需要更换的零件。

（5）工具车：携带各种维修工具。

（6）三件套：个人防护装备，如防护手套、护目镜、工作服等。

（7）实训车辆：用于实际操作的车辆。

2. 工作组织

组织形式：每辆车安排 4 人，2 人一组进行操作，分工合作，一人操作，一人辅助并观察，其余人观察学习。每组实训时间为 20~30 min，轮流进行。

四、任务实施

1. 诊断思路及流程

（1）在使用该诊断程序前，执行诊断系统，检查车辆。

（2）有关诊断方法的概述，请查阅诊断策略。

（3）诊断程序说明提供每种诊断类别的概述。

（4）安全检查，确保车辆处于安全可操作状态。具体操作包括拉起驻车制动，防止车辆移动，并在车辆后方合适位置放置三角警示标志，以警示过往车辆。

（5）查阅对应的控制线路图。仔细研读线路图，熟悉线路的具体走向、各个连接点的位置以及相关部件在车辆中的具体安装位置，为后续检测工作提供清晰的指引。

（6）准备好所需的各类检测工具，并对工具进行全面检查，确保其正常工作。

图 4-18 所示为前照灯电路。

2. 整体电路/系统说明

1）仪表显示测试

点火开关置于"ON"位置时测试组合仪表的某些功能，会出现以下情况：

（1）防抱死制动系统指示灯、安全气囊指示灯、蓄电池指示灯点亮片刻。

（2）制动指示灯、车门微开指示灯、燃油油位过低指示灯点亮片刻。

（3）机油压力过低指示灯、驻车辅助系统维修指示灯、踩下离合器指示灯点亮片刻。

（4）安全指示器、维修车辆指示灯、车辆动态警告维修指示灯点亮片刻。

2）车外照明说明

车外照明系统包括前照灯、前后雾灯、驻车灯、尾灯、牌照灯、转向信号灯、制动灯、倒车灯。

车身控制模块（BCM）监测大部分的开关信号控制相应的灯光电路接通。

倒车灯通过自动变速器向车身控制模块发送的串行信号，控制倒车灯点亮。

驻车灯和尾灯（三厢车）电路、转向信号灯电路、制动灯和倒车灯（三厢车）电路分别如图 4-19、图 4-20、图 4-21 所示。

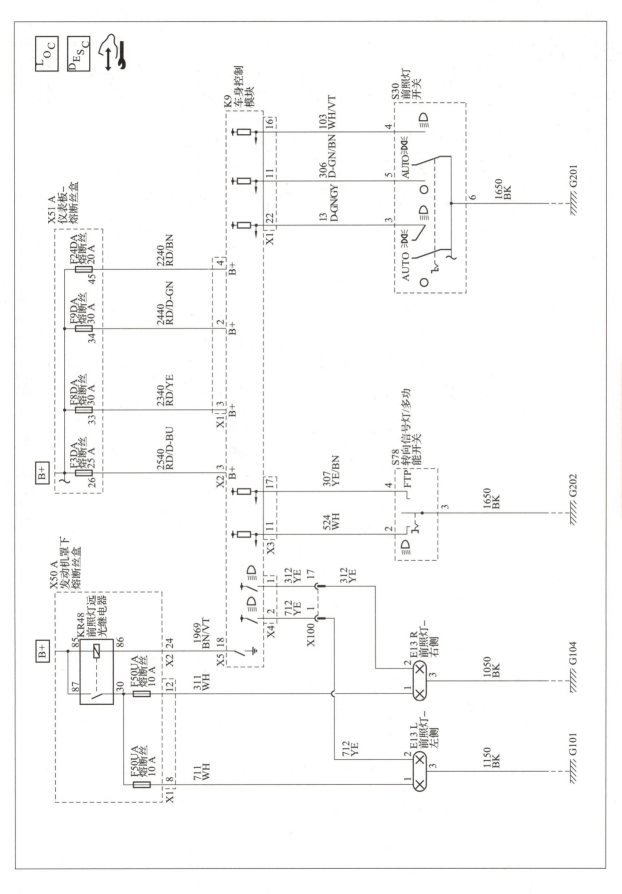

图 4-18 前照灯电路

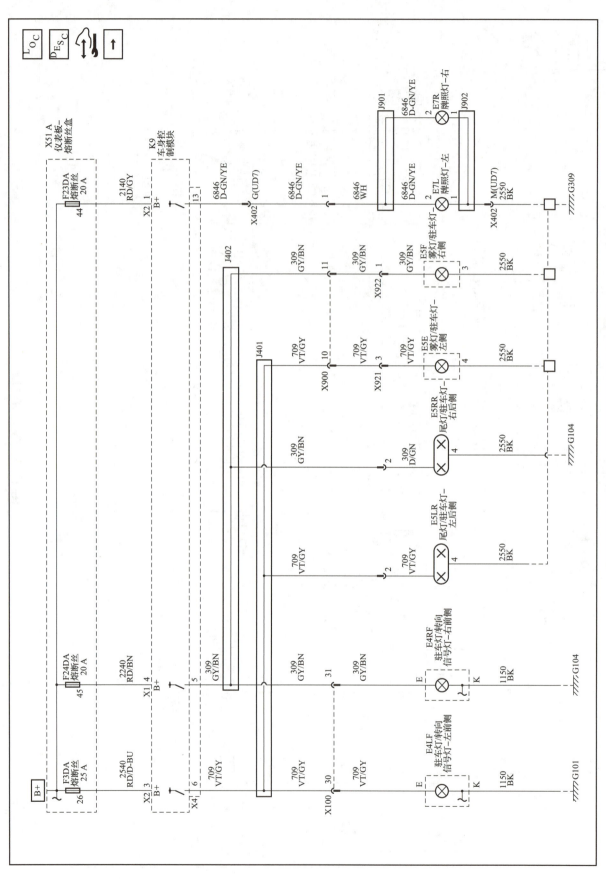

图 4-19 驻车灯和尾灯（三厢车）电路

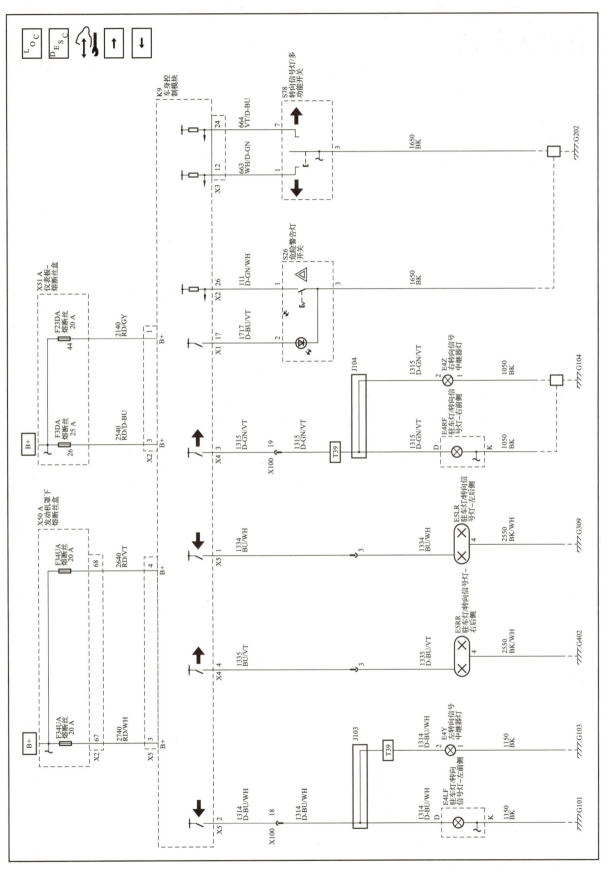

图 4-20　转向信号灯电路

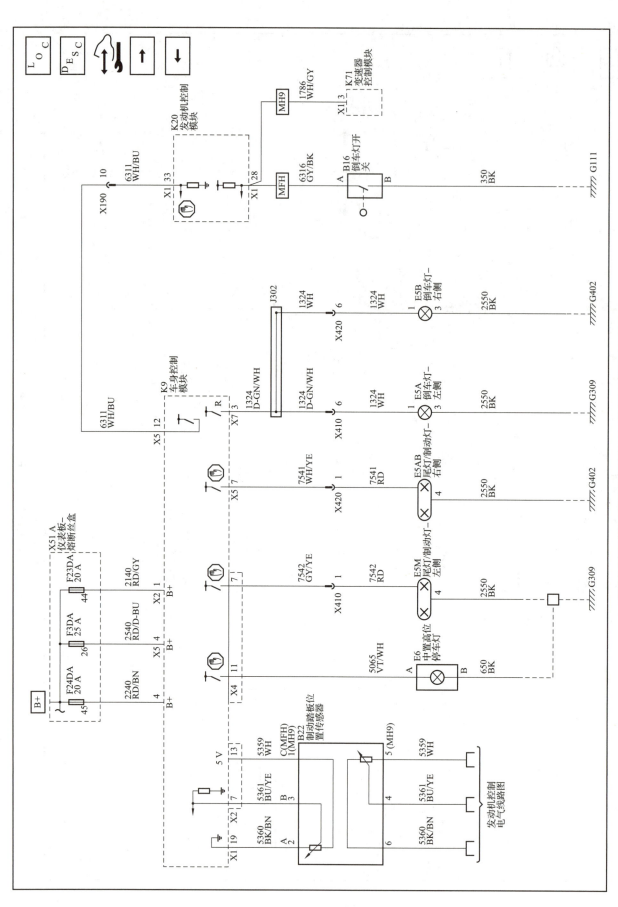

图 4-21 制动灯和倒车灯（三厢车）电路

电路/系统测试:

（1）将点火开关置于"OFF（关闭）"位置，所有车辆系统关闭，断开 S30 大灯开关的线束连接器，再将点火开关置于"ON（打开）"位置。

（2）测试 B+ 电路端子 1 和搭铁之间的电压是否为 B+。

若小于 B+，则执行以下操作。

①点火开关置于"OFF（关闭）"位置，断开 K9 车身控制模块的 X3 线束连接器。

②测试 B+ 电路和搭铁之间的电阻是否为无穷大。若电阻不为无穷大，则修理电路上的对搭铁短路故障；若电阻为无穷大，则执行以下操作。

③测试 B+ 电路端对端的电阻是否小于 2 Ω。若等于或大于 2 Ω，则修理电路中的开路/电阻过大故障；若小于 2 Ω，则更换 K9 车身控制模块。

（3）确认 B+ 电路端子 1 和信号电路端子 12 之间的测试灯未点亮。

若测试灯点亮，则执行以下操作。

①将点火开关置于"OFF（关闭）"位置，断开 K9 车身控制模块的 X1 线束连接器。

②测试信号电路和搭铁之间的电阻是否为无穷大。若电阻不为无穷大，则修理电路上的对搭铁短路故障；若电阻为无穷大，则更换 K9 车身控制模块。

若测试灯未点亮，则执行以下操作。

（4）测试 B+ 电路端子 1 和信号电路端子 12 之间的电压是否为 B+。

若小于 B+，则执行以下操作。

①将点火开关置于"OFF（关闭）"位置，断开 K9 车身控制模块的 X1 线束连接器，然后将点火开关置于"ON（打开）"位置。

②测试信号电路端子 12 和搭铁之间的电压是否低于 1 V。若等于或大于 1 V，则修理电路上的电压短路故障；若低于 1 V，则执行以下操作。

③测试信号电路的端到端电阻是否小于 2 Ω。若等于或大于 2 Ω，则修理电路中的开路/电阻过大故障；若小于 2 Ω，则更换 K9 车身控制模块。

（5）测试或更换 S30 大灯开关。

五、任务评价

汽车仪表与照明系统控制线路检测

任务评分表

姓名		组别			
作业开始时间		作业结束时间		总计 / 分	

汽车电气系统故障诊断与维修任务评分表

任务：汽车仪表与照明系统控制线路检测

作业情景：
- 若选用整车请填写【1. 车辆信息】；
- 选用的整车或台架具备功能需符合【应具备正常系统功能】栏

1. 车辆信息

品牌		整车型号		生产日期	
发动机型号		发动机排量		行驶里程	
车辆识别码					
应具备正常系统功能	1. 发动机工作正常；2. 电源系统正常				

2. 使用资料情况

根据选用整车或发动机台架填写【使用维修手册】及【使用其他的资料】信息

使用维修手册	品牌：　　　　车型：　　　　年份： □中文版　□英文版		□电子版　□纸质版

3. 使用设施设备情况
- 依据【使用设施设备】填写【学校实际使用设施设备名称】及【品牌】；
- 需按【要求数量】准备设施设备

4. 车辆故障信息
- 依据实际情况填写【车辆原有故障】，车辆原有故障不应影响考核项目顺利进行

车辆原有故障	
车辆设置项目	一、车辆信息记录　二、蓄电池电压检测　三、汽车仪表与照明系统控制线路检测
设置评分依据	

评分标准

评分项	得分条件	评分标准	配分	扣分
情意面 （作业安全） （职业操守）	1. 能进行工位 7S 操作（总分 3 分） □ 1.1 整理、整顿（0.5 分） □ 1.2 清理、清洁（1 分） □ 1.3 素养、节约（0.5 分） □ 1.4 安全（1 分） 2. 能进行设备和工具安全检查（总分 3 分） □ 2.1 检查作业所需工具设备是否完备，有无损坏（0.5 分） □ 2.2 检查作业环境是否配备灭火器（0.5 分） □ 2.3 检查检测设备的电量是否充足（1 分） □ 2.4 检查检测设备的插头及电缆的放置位置是否安全（1 分） 3. 能进行实训车辆安全防护操作（总分 3 分） □ 3.1 拉起车辆驻车制动（1 分） □ 3.2 确认车辆安全稳固（1 分） □ 3.3 铺设防护布垫（1 分）	依据得分条件进行评分，按要求完成在 □打√，未按要求完成在 □打 × 并扣除对应分数，扣分不得超过 15 分	15	

评分项	得分条件	评分标准	配分	扣分
情意面 （作业安全） （职业操守）	4.能进行工具量具清洁、校准、存放操作（总分3分） □ 4.1 使用前对工具量具进行校准（1分） □ 4.2 使用后对工具量具进行清洁（1分） □ 4.3 作业完成后对工具量具进行复位（1分） 5.能进行三不落地操作（总分3分） □ 5.1 作业过程做到工具量具不落地（1分） □ 5.2 作业过程做到零件不落地（1分） □ 5.3 作业过程做到油污不落地（1分）	依据得分条件进行评分，按要求完成在□打√，未按要求完成在□打×并扣除对应分数，扣分不得超过15分	15	
作业面 （保养作业） （拆装作业） （维修作业）	1.能正确使用维修手册（总分10分） □ 1.1 正确操作电子版维修手册（6分） □ 1.2 正确查阅仪表、照明系统电路图（4分） 2.能正确使用工具进行仪表、照明系统的检测（总分25分） □ 2.1 能正确使用测量工具（5分） □ 2.2 能找到仪表、照明系统元件及线路（5分） □ 2.3 能找到仪表、照明系统元器件（5分） □ 2.4 能正确使用工具拆卸仪表、灯泡（5分） □ 2.5 能正确使用工具安装仪表、灯泡（5分）	依据得分条件进行评分，按要求完成在□打√，未按要求完成在□打×并扣除对应分数，扣分不得超过35分	35	
信息面 （信息录入） （资料应用） （资讯检索）	能正确使用教材、实训设备、维修手册查询资料（总分15分） □ 1.查询仪表、照明系统线束插头（2分） □ 2.查询仪表、照明的拆卸流程（5分） □ 3.查询仪表、照明的安装流程（3分） □ 4.记录仪表、照明线缆情况（2分） □ 5.记录仪表、照明外观情况（2分） □ 6.记录仪表、照明线路连接情况（1分）	依据得分条件进行评分，按要求完成在□打√，未按要求完成在□打×并扣除对应分数，扣分不得超过15分	15	
工具及设备的使用能力 （岗位所需工具设备的使用能力） （办公软件的使用能力） （查询软件的使用能力）	□ 1.能正确选用教材、实训设备、维修手册（电子版）（5分） □ 2.能正确使用教材、维修手册（5分） □ 3.能正确使用实训设备（5分）	依据得分条件进行评分，按要求完成在□打√，未按要求完成在□打×并扣除对应分数，扣分不得超过15分	15	
分析面 （诊断分析） （检测分析） （调校分析）	□ 1.能找到仪表、照明线缆并检查（5分） □ 2.能找到仪表、照明位置（5分） □ 3.能正确使用工具进行仪表、照明的拆装工作（5分）	依据得分条件进行评分，按要求完成在□打√，未按要求完成在□打×并扣除对应分数，扣分不得超过15分	15	
表单填写与报告的撰写能力 （纸质工单）	□ 1.字迹清晰（1分） □ 2.语句通顺（1分） □ 3.无错别字（1分） □ 4.无涂改（1分） □ 5.无抄袭（1分）	依据得分条件进行评分，按要求完成在□打√，未按要求完成在□打×并扣除对应分数，扣分不得超过5分	5	
合计			100	

任务三　汽车仪表与照明系统检查与更换

汽车仪表与照明系统检测与更换（上）　　汽车仪表与照明系统检测与更换（下）

一、任务导入

在汽车复杂的构造体系中，仪表与照明系统扮演着举足轻重的角色，它们如同车辆的"信息窗口"与"视觉保障"，对于行车安全以及车辆运行状态的精准监测意义非凡。此前，我们以张先生驾驶的车辆为例，该车出现了仪表系统中发动机故障灯亮起、照明系统中前照灯亮度闪烁不定等故障。经过对故障现象的深入分析及对控制线路的细致检测，我们已逐步明确问题所在。当确定故障与仪表或照明系统的具体部件相关联时，对这些部件进行精确检查与必要更换，便成为解决故障、恢复车辆正常运行的关键步骤。这不仅是对汽车维修人员专业技能的严峻考验，更直接关系到车辆后续能否安全稳定地行驶。因此，深入学习并熟练掌握汽车仪表与照明系统的检查与更换技能，无疑是汽车维修领域从业者的必备素养。接下来，我们将系统且全面地展开对这一重要任务的学习与实践。

二、任务说明

本任务旨在全方位、深层次地培养学生针对汽车仪表与照明系统进行检查与更换的专业能力。通过系统的理论知识传授以及大量的实际操作训练，学生能够精准无误地判断系统各部件的工作状况，熟练且规范地完成检查与更换工作，并在操作完成后，对系统进行全面且细致的测试，确保其能够稳定、可靠地正常运行。

三、任务准备

1. 工具准备

（1）万用表：用于检测电压、电阻等电气参数。

（2）专用解码器：用于读取和清除车辆故障码。

（3）套装工具：包括扳手、螺丝刀等，用于拆卸和安装零件。

（4）零件车：提供可能需要更换的零件。

（5）工具车：携带各种维修工具。

（6）三件套：个人防护装备，如防护手套、护目镜、工作服等。

（7）实训车辆：用于实际操作的车辆。

2. 工作组织

组织形式：每辆车安排 4 人，2 人一组进行操作，分工合作，一人操作，一人辅助并观察，其余人观察学习。每组实训时间为 20~30 min，轮流进行。

四、任务实施

以前照灯为例，说明其更换流程，如图 4-22 所示。

1. 拆卸程序

（1）拆下前保险杠蒙皮。

（2）拆下前照灯螺钉（共 4 个）。

（3）拉动前照灯外边缘以释放前照灯背面的定位器凸舌。

（4）拉动前照灯内边缘以释放前照灯内侧的定位器。

（5）拉动前照灯总成。

（6）向前拉前照灯总成至足以接近电气连接器。

（7）将前照灯电气连接器从前端照明灯线束连接器上断开。

（8）拆下前照灯总成。

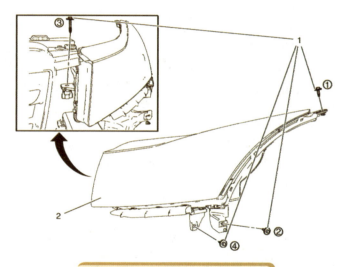

图 4-22　前照灯的更换流程
1—螺钉；2—前照灯总成

2. 安装程序

（1）按照图 4-22 所示的紧固顺序固定前照灯紧固件。

（2）安装 4 个前照灯螺钉，并紧固至 2.5 N·m。

（3）安装完毕后进行前照灯对光。

五、任务评价

汽车仪表与照明
系统检查与更换

任务评分表

姓名		组别			
作业开始时间		作业结束时间		总计/分	

汽车电气系统故障诊断与维修任务评分表

任务：汽车仪表与照明系统检查与更换

作业情景：
• 若选用整车请填写【1.车辆信息】；
• 选用的整车或台架具备功能需符合【应具备正常系统功能】栏

1.车辆信息

品牌		整车型号		生产日期	
发动机型号		发动机排量		行驶里程	
车辆识别码					
应具备正常系统功能	1.发动机工作正常；2.电源系统正常				

2.使用资料情况

根据选用整车或发动机台架填写【使用维修手册】及【使用其他的资料】信息

使用维修手册	品牌：　　　　车型：　　　　年份： □中文版　　□英文版		□电子版 □纸质版

3.使用设施设备情况
• 依据【使用设施设备】填写【学校实际使用设施设备名称】及【品牌】；
• 需按【要求数量】准备设施设备

4.车辆故障信息
• 依据实际情况填写【车辆原有故障】，车辆原有故障不应影响考核项目顺利进行

车辆原有故障	
车辆设置项目	一、车辆信息记录　二、蓄电池电压检测　三、汽车仪表与照明系统检查与更换
设置评分依据	

评分标准

评分项	得分条件	评分标准	配分	扣分
情意面 （作业安全） （职业操守）	1.能进行工位7S操作（总分3分） □1.1 整理、整顿（0.5分） □1.2 清理、清洁（1分） □1.3 素养、节约（0.5分） □1.4 安全（1分） 2.能进行设备和工具安全检查（总分3分） □2.1 检查作业所需工具设备是否完备，有无损坏（0.5分） □2.2 检查作业环境是否配备灭火器（0.5分） □2.3 检查检测设备的电量是否充足（1分） □2.4 检查检测设备的插头及电缆的放置位置是否安全（1分） 3.能进行实训车辆安全防护操作（总分3分） □3.1 拉起车辆驻车制动（1分） □3.2 确认车辆安全稳固（1分） □3.3 铺设防护布垫（1分）	依据得分条件进行评分，按要求完成在□打√，未按要求完成在□打×并扣除对应分数，扣分不得超过15分	15	

评分项	得分条件	评分标准	配分	扣分
情意面 （作业安全） （职业操守）	4.能进行工具量具清洁、校准、存放操作（总分3分） □ 4.1 使用前对工具量具进行校准（1分） □ 4.2 使用后对工具量具进行清洁（1分） □ 4.3 作业完成后对工具量具进行复位（1分） 5.能进行三不落地操作（总分3分） □ 5.1 作业过程做到工具量具不落地（1分） □ 5.2 作业过程做到零件不落地（1分） □ 5.3 作业过程做到油污不落地（1分）	依据得分条件进行评分，按要求完成在□打√，未按要求完成在□打 × 并扣除对应分数，扣分不得超过15分	15	
作业面 （保养作业） （拆装作业） （维修作业）	1.能正确使用维修手册（总分10分） □ 1.1 正确操作电子版维修手册（6分） □ 1.2 正确查阅仪表与照明系统电路图（4分） 2.能正确使用工具进行电源系统的检测（总分25分） □ 2.1 能正确使用举升机举升车辆（5分） □ 2.2 能找到蓄电池负极到车身搭铁线缆并检查（5分） □ 2.3 能找到仪表与照明系统的正确位置（5分） □ 2.4 能正确使用工具拆卸仪表与照明系统（5分） □ 2.5 能正确使用工具安装仪表与照明系统（5分）	依据得分条件进行评分，按要求完成在□打√，未按要求完成在□打 × 并扣除对应分数，扣分不得超过35分	35	
信息面 （信息录入） （资料应用） （资讯检索）	能正确使用教材、实训设备、维修手册查询资料（总分15分） □ 1. 查询蓄电池负极到车身搭铁线缆情况（2分） □ 2. 查询仪表与照明系统的拆卸流程（5分） □ 3. 查询仪表与照明系统的安装流程（3分） □ 4. 记录蓄电池负极到车身搭铁线缆情况（2分） □ 5. 记录仪表与照明系统外观情况（2分） □ 6. 记录仪表与照明系统线路连接情况（1分）	依据得分条件进行评分，按要求完成在□打√，未按要求完成在□打 × 并扣除对应分数，扣分不得超过15分	15	
工具及设备的使用能力（岗位所需工具设备的使用能力）（办公软件的使用能力）（查询软件的使用能力）	□ 1. 能正确选用教材、实训设备、维修手册（电子版）（5分） □ 2. 能正确使用教材、维修手册（5分） □ 3. 能正确使用实训设备（5分）	依据得分条件进行评分，按要求完成在□打√，未按要求完成在□打 × 并扣除对应分数，扣分不得超过15分	15	
分析面 （诊断分析） （检测分析） （调校分析）	□ 1. 能找到蓄电池负极到车身搭铁线缆并检查（5分） □ 2. 能找到仪表与照明系统拆装位置（5分） □ 3. 能正确使用工具进行仪表与照明系统的拆装工作（5分）	依据得分条件进行评分，按要求完成在□打√，未按要求完成在□打 × 并扣除对应分数，扣分不得超过15分	15	
表单填写与报告的撰写能力（纸质工单）	□ 1. 字迹清晰（1分） □ 2. 语句通顺（1分） □ 3. 无错别字（1分） □ 4. 无涂改（1分） □ 5. 无抄袭（1分）	依据得分条件进行评分，按要求完成在□打√，未按要求完成在□打 × 并扣除对应分数，扣分不得超过5分	5	
合计			100	

项目提升 →

项目四 学习测试

拓展阅读

车联网系统的概念与架构

车联网系统是一个融合车辆、网络通信、信息技术的复杂体系，旨在让汽车具备更强大的智能交互与信息处理能力。其架构主要涵盖以下几个关键部分。

车载终端：这是系统与车辆直接交互的核心部件，通常集成了中控显示屏、处理器、存储设备等。它负责收集车辆内部的各种数据，如车速、发动机转速、燃油液位等，同时也是用户与系统进行交互的窗口，用户通过触摸屏幕、语音指令等方式下达操作命令，如导航设置、多媒体播放控制等。

通信网络：为实现车辆与外界的实时连接，车联网系统依赖多种通信技术。4G、5G网络提供了高速、稳定的数据传输通道，确保车辆能够快速获取云端的地图更新、实时路况信息，以及与其他车辆或智能交通设施进行数据交互。而短距离通信技术，如蓝牙、Wi-Fi，则用于实现车内设备之间的互联互通，如连接手机、智能手表等移动设备，实现音频共享、电话免提等功能。

云端服务平台：作为车联网系统的"大脑中枢"，云端服务平台汇聚了海量的车辆数据与应用服务。它不仅存储和管理车辆的历史行驶数据、故障诊断记录等，还利用大数据分析和人工智能算法，为车辆提供个性化的服务。例如，根据用户的驾驶习惯和出行规律，为其推荐最佳的出行路线，或者提前预测车辆可能出现的故障，并及时推送维修建议。

项目五

汽车喇叭、刮水器、电动车窗及附件电路系统故障诊断与排除

项目说明 →

　　汽车喇叭不响、刮水器只有低速挡及电动车窗无法升降是汽车喇叭、刮水器、电动车窗及附件电路系统常见故障。本项目按照企业工作过程设计任务，学习相关知识，分析故障现象，确定诊断思路，排除故障。本项目涉及喇叭、刮水器、电动车窗基础知识，喇叭、刮水器、电动车窗及附件电路系统故障常用维修思路，喇叭、刮水器、电动车窗及附件电路典型故障的维修作业流程，融合技能等级考核内容，进行课岗证融通。

项目目标 →

知识目标

1. 了解汽车喇叭、刮水器、电动车窗及附件电路系统设备的组成、结构及特点。

2. 熟悉汽车喇叭、刮水器、电动车窗及附件电路系统的工作原理、电路图及其识读方法。

3. 熟悉汽车喇叭、刮水器、电动车窗及附件电路常见故障及原因，掌握故障诊断思路。

能力目标

1. 能正确试读汽车喇叭、刮水器、电动车窗的电路图。

2. 能对汽车喇叭、刮水器、电动车窗的主要部件进行检测。

3. 能根据检测的数据判断故障原因并进行维修。

4. 熟悉标准作业流程，基本具备汽车喇叭、刮水器、电动车窗及附件电路系统维修实际作业能力。

素养目标

1. 树立安全意识、规范意识。

2. 培养较强的动手操作能力。

3. 培养严谨细致的工作态度和大国工匠精神。

知识准备　汽车喇叭、刮水器、电动车窗及附件电路系统基础知识

一、喇叭、刮水器及洗涤系统、电动车窗概述

（一）喇叭系统概述

汽车喇叭、雨刮及附件的组成及工作原理

汽车在行驶时为了保证行驶的安全性，安装了电喇叭，而蒸汽火车上使用的是气喇叭。汽车的喇叭声音强度应该能够达到 90~115 dB。

汽车喇叭系统由高音喇叭、低音喇叭、喇叭开关、螺旋线等组成，为了驾驶的安全性，喇叭开关一般设置在转向盘上，并且由安全气囊构成开关一部分，也有少数车型在转向盘上单独设置按钮。

汽车喇叭结构如图 5-1 所示，主要由线圈、磁铁、振动膜、外壳等组成。当喇叭的线圈有电流流过时，产生磁场，这个磁场受到喇叭本身磁铁的作用就会发生振动，从而带动振动膜一起运动，便产生了声音。

（二）刮水器及洗涤系统概述

遇到下雨的情况，汽车风窗玻璃上全是雨水，严重影响驾驶安全，所以汽车上必须配备刮水器，而且是电动刮水器。

电动刮水器系统由刮水器电动机、刮水器开关、回位开关、刮水器臂、刮水器条、喷水电动机、喷嘴等组成。刮水器电动机是调速电动机，能适应不同的下雨场景，刮水器开关控制刮水器电动机低速运转、点动、间歇运转、高速运转，回位开关则保证刮水器电动机在关闭刮水器开关后自动复位；喷水电动机能够将刮水器液通过喷嘴，喷射到风窗玻璃上，方便清洗风窗玻璃。

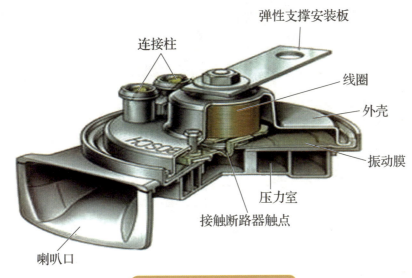

连接柱
弹性支撑安装板
线圈
外壳
振动膜
压力室
接触断路器触点
喇叭口

图 5-1　汽车喇叭结构

（三）电动车窗系统概述

　　汽车有车窗玻璃，车窗玻璃应该方便驾驶员升降。根据车窗的升降方式，车窗分为机械车窗与电动车窗。机械车窗通过旋转门板上的旋转手柄实现车窗的升降，这种升降方式结构简单，但是操作不便，并且速度慢，不能实现智能控制。

　　电动车窗由电动机驱动车窗升降机构，实现电动控制。电动车窗由升降电动机、主开关、分开关、导线、传感器等组成，主开关与分开关都能够实现车窗的升降，并且主开关可以控制分开关的升降功能。

二、喇叭系统电路图

　　最简单的喇叭控制电路是蓄电池→熔断丝→喇叭开关→喇叭→搭铁，这种电路的好处是简单，节约成本；但是由于喇叭开关会经过比较大的电流，因此开关的触点比较容易烧掉，另外此种电路不利于实现智能控制。

　　科鲁兹的喇叭电路则不一样，科鲁兹喇叭控制电路图如图 5-2 所示。相对于传统喇叭电路，它多了一个控制系统。

　　当喇叭开关按下时，喇叭的电流并没有通过喇叭开关，喇叭开关有两个接线端子，一端接负极，一端接安全气囊游丝，最后到达车身控制模块；喇叭开关只是给车身控制模块一个负极信号，车身控制模块控制喇叭继电器的 86 端子，就可以使喇叭继电器吸合，蓄电池电流通过喇叭继电器（KR3）的 85、86 端子到达高音喇叭和低音喇叭然后回到负极。

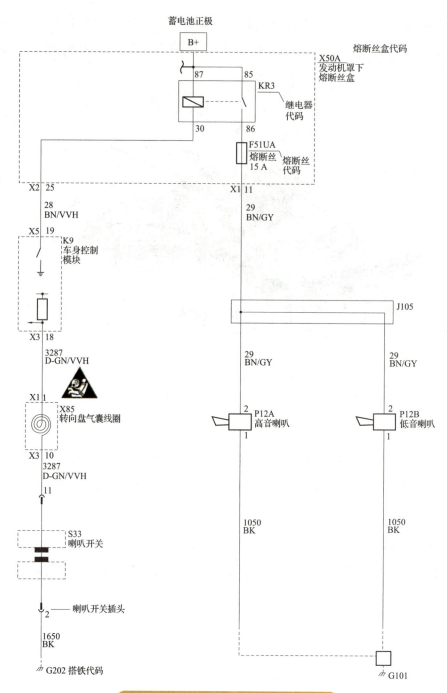

图 5-2　科鲁兹喇叭控制电路图

三、刮水器及洗涤系统电路图

　　科鲁兹刮水器电路图如图 5-3 所示。开关的负极来自 K9 车身控制模块，然后通过刮水器开关内部不同触点的组合，输出不同的电阻信号给 K9 车身控制模块，X3/13 端子至 X3/10 的电阻发生变化，X3/13 端子的电压就会发生变化，K9 车身控制模块正是通过判断此电压，从而确定驾驶员的意图。K9 接收刮水器开关的信息，通过控制刮水器继电器以控制刮水器的速度；其中间歇挡的速度调整则通过调整刮水器开关内部的电阻，以实现间歇时间控制。

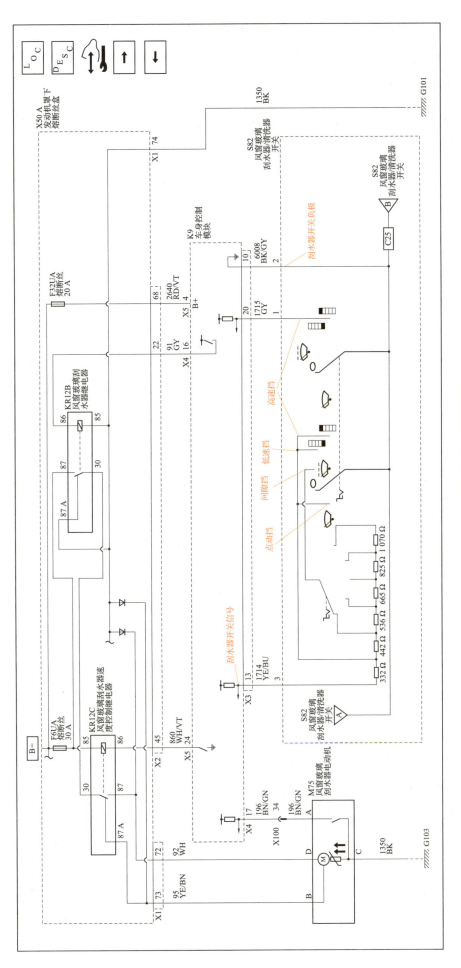

图 5-3　科鲁兹刮水器电路图

刮水器的各个挡位已在电路图中标注，分别是点动挡、间歇挡、低速挡、高速挡，其中点动挡与低速挡共用一个电阻，不过点动挡内部有弹簧，所以手松开开关就会复位。

科鲁兹洗涤系统电路如图5-4所示。

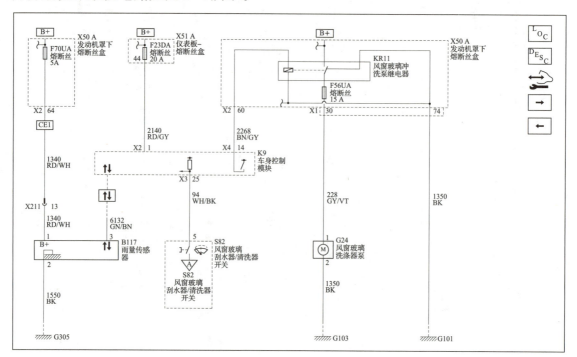

图5-4　科鲁兹洗涤系统电路

洗涤系统相对于刮水器要简单很多。洗涤开关与刮水器开关一体，负极也来自K9车身控制模块X3/10端子，信号传输给K9车身控制模块X3/25端子；洗涤开关是一个自复位开关，所以当手松开洗涤开关后，则停止喷水，并且只有一个挡位。

洗涤系统和其他电路一样，也是车身控制模块接收信号，控制喷水继电器，洗涤电动机则工作喷水。

四、车窗系统电路图

科鲁兹车窗左前主开关电路如图5-5所示。驾驶员侧的开关能够控制4个车窗，所以叫作主开关，因此主开关上面有4个按钮，分别控制左前、右前、左后、右后车窗升降。主开关还有控制分开关的功能，图中右后按钮的右边按钮就是关闭分开关功能的按钮，按下之后，分开关不能控制车窗升降，并且按钮的指示灯会点亮。

主开关的5号端子为网络通信线，单线传输的通常为LIN线，主开关控制右前、左后、右后3个车窗升降以及禁止分开关功能，都是通过这根线传输命令，把命令传给K9，K9再通过LIN线传给分开关，分开关执行相应的动作。

乘客侧的车窗开关电路如图5-6所示。乘客侧的车窗开关电路相对比较简单，一根供电线、搭铁线、LIN线，然后控制电机。左后、右后的车窗开关与乘客侧车窗开关电路类似，不再赘述。

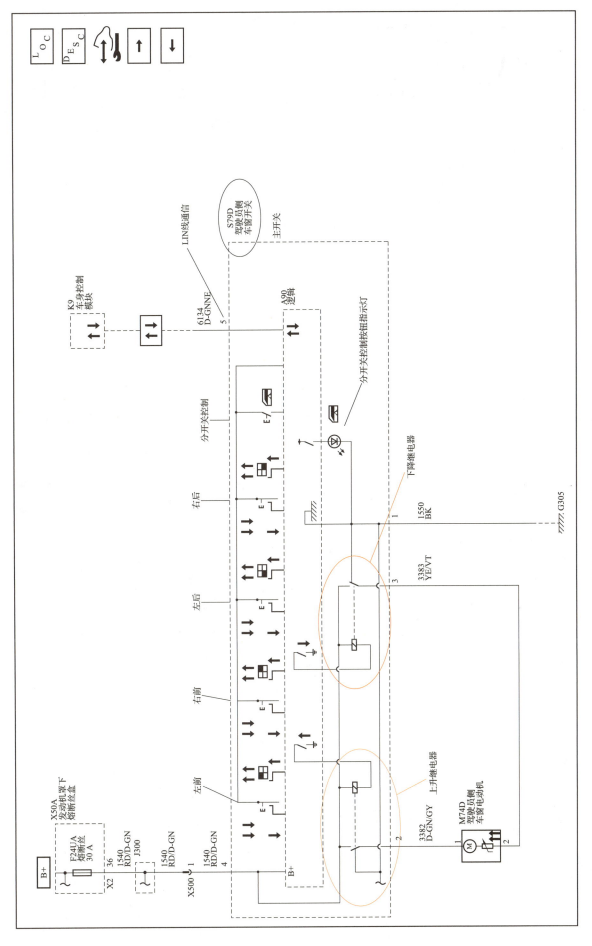

图 5-5　科鲁兹车窗左前主开关电路

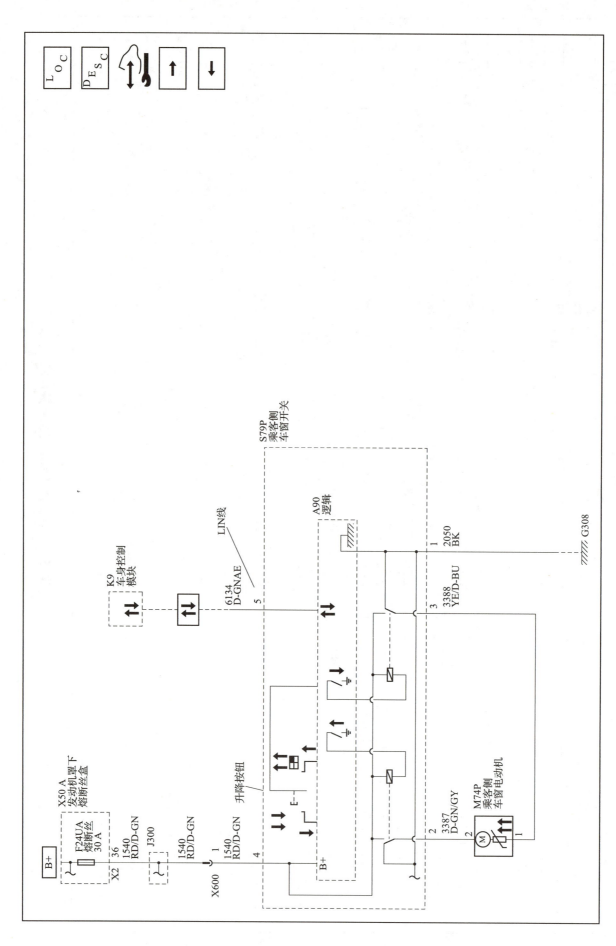

图 5-6 乘客侧的车窗开关电路

思考与练习

1. 汽车喇叭的安装位置在哪里?

2. 汽车刮水器由哪些部分组成?

3. 汽车车窗系统由哪些部分组成?

任务一　汽车喇叭、刮水器及洗涤系统、电动车窗故障分析

一、任务导入

张先生驾驶汽车过红绿灯,前方有一行人通过,他按压喇叭却发现喇叭没有声音。随后张先生开车到4S店,他还表示刮水器没有高速挡、右后车窗不正常了。假如你是专业维修工,你将怎样处理这类故障?

二、任务说明

进行汽车喇叭、刮水器、电动车窗故障分析的目的是学习相关系统可能故障及原因,通过学习电路控制原理,掌握故障分析的方法。

三、任务准备

1. 工具准备

（1）万用表：用于检测电压、电阻等电气参数。

（2）专用解码器：用于读取和清除车辆故障码。

（3）套装工具：包括扳手、螺丝刀等，用于拆卸和安装零件。

（4）零件车：提供可能需要更换的零件。

（5）工具车：携带各种维修工具。

（6）三件套：个人防护装备，如防护手套、护目镜、工作服等。

（7）实训车辆：用于实际操作的车辆。

2. 工作组织

组织形式：每辆车安排 4 人，2 人一组进行操作，分工合作，一人操作，一人辅助并观察，其余人观察学习。每组实训时间为 20~30 min，轮流进行。

四、任务实施

雨刮清洁系统
故障检修

汽车喇叭、雨
刮及附件控制
电路故障分析

1. 常见故障原因分析

1）喇叭常见故障原因分析

（1）喇叭损坏。喇叭是一个将电信号转换为声音信号的元件，当喇叭自身结构及材料出现问题就会损坏，即使喇叭的线路有电依然不能蜂鸣。

（2）线路损坏。当喇叭的线路出现断路、短路、搭铁松动时，喇叭会因为没有电流通过，而不能正常工作。

（3）开关损坏。喇叭开关连接安全气囊下的游丝，喇叭经常按压会使喇叭开关的金属触点损坏或者线束损坏，所以喇叭开关出现故障时，电流便无法通向喇叭。

（4）熔断丝损坏。喇叭的熔断丝损坏时，一般情况下是短路或者某一瞬间电路电流过大，导致熔断丝断路，喇叭便不能正常工作。

（5）车身控制模块故障。车身控制模块负责接收喇叭开关信号以及输出控制信号给喇叭继电器 85 或者 86 端子，喇叭继电器便开始工作，接通 30 与 87 端子，把电输送给喇叭熔断丝，喇叭则正常工作。若车身控制模块损坏，则会导致喇叭继电器不能正常工作。

2）刮水器及洗涤系统常见故障原因分析

（1）开关故障。当刮水器开关出现故障时，便不能导通刮水器电动机的电路，所以开关故障是刮水器电动机不能运转的常见故障之一。

（2）刮水器电动机故障。刮水器电动机本身因为质量等原因，如进水、老化、生锈、线圈短路等，会无法正常运转。

（3）线路故障。刮水器电动机是三线电动机，一个负极两个正极，正极分别是低速挡和高速挡，当连接电动机的线路出现故障，如线路短路、断路、熔断丝损坏、继电器损坏、搭铁接触不良等，刮水器电动机便不能正常工作。

3）电动车窗常见故障原因

（1）开关故障。当车窗开关出现故障时，便不能导通车窗电动机的电路，所以开关故障是车窗电动机不能运转的常见故障之一。

（2）车窗电动机故障。车窗电动机本身因为质量等原因，如进水、老化、生锈、线圈短路等，会无法正常运转。

（3）线路故障。车窗电动机由主开关、分开关控制，线路之中有熔断丝、继电器、车身控制模块，当连接电动机的线路出现故障，如线路短路、断路、熔断丝损坏、继电器损坏、搭铁接触不良等，车窗电动机便不能正常工作。

2. 解决方法

（1）检查喇叭线路。检查喇叭的供电线路及控制线路是否有故障。

（2）检查喇叭。通过给喇叭通电，检查喇叭是否能正常工作。

（3）检查喇叭开关。喇叭开关的触点经常容易损坏，若喇叭开关的触点损坏了，喇叭便无法工作。

（4）检查刮水器开关。刮水器开关使用频率较高，损坏的概率比较大，因此刮水器开关容易发生故障。

（5）检查刮水器线路。刮水器线路中的熔断丝、继电器等电子元件容易损坏，导致刮水器无法正常工作。

（6）检查车窗的线路。电动车窗的熔断丝、继电器等电子元件容易损坏，导致电动车窗无法工作。

（7）检查车窗升降开关。电动车窗的升降开关回路比较复杂，比较容易损坏，所以车窗开关导致车窗无法升降的概率比较大。

五、任务评价

汽车喇叭、刮水器、
电动车窗故障分析

任务评分表 1

姓名		班级		组别	
作业开始时间		作业结束时间		总计 / 分	

汽车电气系统故障诊断与维修任务评分表
任务：汽车喇叭、刮水器及洗涤系统、电动车窗故障分析
作业情景：
• 若选用整车请填写【1. 车辆信息】；
• 选用的整车或台架具备功能需符合【应具备正常系统功能】栏
1. 车辆信息

品牌		整车型号		生产日期	
发动机型号		发动机排量		行驶里程	
车辆识别码					
应具备正常系统功能		具备喇叭、刮水器、电动车窗功能			

2. 使用资料情况
根据选用整车或发动机台架填写【使用维修手册】及【使用其他的资料】信息

使用维修手册	品牌：　　　车型：　　　年份： □中文版　□英文版	□电子版　□纸质版

3. 使用设施设备情况
• 依据【使用设施设备】填写【学校实际使用设施设备名称】及【品牌】；
• 需按【要求数量】准备设施设备
4. 车辆故障信息
• 依据实际情况填写【车辆原有故障】，车辆原有故障不应影响考核项目顺利进行

车辆原有故障	
车辆设置项目	一、车辆信息记录 二、蓄电池电压检测 三、汽车喇叭、刮水器、车窗系统控制电路检测
设置评分依据	

评分标准				
评分项	得分条件	评分标准	配分	扣分
情意面 （作业安全） （职业操守）	1. 能进行工位 7S 操作（总分 3 分） □ 1.1 整理、整顿（0.5 分） □ 1.2 清理、清洁（1 分） □ 1.3 素养、节约（0.5 分） □ 1.4 安全（1 分） 2. 能进行设备和工具安全检查（总分 3 分） □ 2.1 检查作业所需工具设备是否完备，有无损坏（0.5 分） □ 2.2 检查作业环境是否配备灭火器（0.5 分） □ 2.3 检查检测设备的电量是否充足（1 分） □ 2.4 检查检测设备的插头及电缆的放置位置是否安全（1 分） 3. 能进行实训车辆安全防护操作（总分 3 分） □ 3.1 拉起车辆驻车制动器（1 分） □ 3.2 确认车辆安全稳固（1 分） □ 3.3 铺设防护布垫（1 分） 4. 能进行工具量具清洁、校准、存放操作（总分 3 分） □ 4.1 使用前对工具量具进行校准（1 分） □ 4.2 使用后对工具量具进行清洁（1 分） □ 4.3 作业完成后对工具量具进行复位（1 分）	依据得分条件进行评分，按要求完成在□打√，未按要求完成在□打×并扣除对应分数，扣分不得超过 15 分	15	

续表

评分项	得分条件	评分标准	配分	扣分
情意面 （作业安全） （职业操守）	5. 能进行三不落地操作（总分3分） □ 5.1 作业过程做到工具量具不落地（1分） □ 5.2 作业过程做到零件不落地（1分） □ 5.3 作业过程做到油污不落地（1分）	依据得分条件进行评分，按要求完成在□打√，未按要求完成在□打×并扣除对应分数，扣分不得超过15分	15	
作业面 （保养作业） （拆装作业） （维修作业）	能正确使用维修手册（总分20分） □ 1.1 查询喇叭保险丝（3分） □ 1.1 查询喇叭继电器（3分） □ 1.2 查询刮水器及洗涤器保险丝（4分） □ 1.3 查询刮水器及洗涤器继电器（4分） □ 1.4 查询车窗系统保险丝（3分） □ 1.5 查询车窗系统继电器（3分）	依据得分条件进行评分，按要求完成在□打√，未按要求完成在□打×并扣除对应分数，扣分不得超过20分	20	
信息面 （信息录入） （资料应用） （资讯检索）	1. 正确记录喇叭系统电路资料（12分） □ 1.1 电路图页码（2分） □ 1.2 喇叭代码（2分） □ 1.3 喇叭保险丝代码（2分） □ 1.4 喇叭继电器代码（2分） □ 1.5 喇叭开关代码（2分） □ 1.6 喇叭控制线路在 K9 上的插头代码（2分） 2. 正确记录刮水器及洗涤系统电路资料（12分） □ 2.1 电路图页码（2分） □ 2.2 刮水器电动机及洗涤电动机代码（2分） □ 2.3 刮水器电动机及洗涤电动机保险丝代码（2分） □ 2.4 刮水器电动机及洗涤电动机继电器代码（2分） □ 2.5 刮水器电动机及洗涤电动机开关代码（2分） □ 2.6 刮水器电动机及洗涤电动机控制线路在 K9 上的插头代码（2分） 3. 正确记录车窗系统电路资料（12分） □ 3.1 电路图页码（2分） □ 3.2 各车窗电动机代码（2分） □ 3.3 各车窗电动机保险丝代码（2分） □ 3.4 各车窗电动机继电器代码（2分） □ 3.5 各车窗开关代码（2分） □ 3.6 各车窗电动机控制线路在 K9 上的插头代码（2分）	依据得分条件进行评分，按要求完成在□打√，未按要求完成在□打×并扣除对应分数，扣分不得超过36分	36	
工具及设备的使用能力 （岗位所需工具设备的使用能力） （办公软件的使用能力） （查询软件的使用能力）	□ 1. 能正确选用教材、实训设备、维修手册（电子版）（3分） □ 2. 能正确使用教材、维修手册（3分） □ 3. 能正确使用实训设备（3分）	依据得分条件进行评分，按要求完成在□打√，未按要求完成在□打×并扣除对应分数，扣分不得超过9分	9	
分析面 （诊断分析） （检测分析） （调校分析）	□ 1. 能找到喇叭系统电路图并分析可能的故障原因（5分） □ 2. 能找到刮水器及洗涤系统电路图并分析可能的故障原因（5分） □ 3. 能找到车窗系统电路图并分析可能的故障原因（5分）	依据得分条件进行评分，按要求完成在□打√，未按要求完成在□打×并扣除对应分数，扣分不得超过15分	15	
表单填写与报告的撰写能力 （纸质工单）	□ 1. 字迹清晰（1分） □ 2. 语句通顺（1分） □ 3. 无错别字（1分） □ 4. 无涂改（1分） □ 5. 无抄袭（1分）	依据得分条件进行评分，按要求完成在□打√，未按要求完成在□打×并扣除对应分数，扣分不得超过5分	5	
合计			100	

任务二 汽车喇叭、刮水器及洗涤系统、电动车窗控制线路检测

电动后视镜
故障检修

汽车喇叭的
检测与维修

一、任务导入

张先生在驾驶汽车经过一段泥泞路段后，像往常一样打开车窗，可奇怪的是，车窗下降及上升非常缓慢，随后开车到 4S 店维修，还发现喇叭声音低哑、洗涤系统不正常。假如你是该店的维修技师，你将如何维修？

二、任务说明

本任务是利用已学知识对汽车喇叭、刮水器及洗涤系统、电动车窗等进行故障维修。

三、任务准备

1. 工具准备

（1）万用表：用于检测电压、电阻等电气参数。

（2）专用解码器：用于读取和清除车辆故障码。

（3）套装工具：包括扳手、螺丝刀等，用于拆卸和安装零件。

（4）零件车：提供可能需要更换的零件。

（5）工具车：携带各种维修工具。

（6）三件套：个人防护装备，如防护手套、护目镜、工作服等。

（7）实训车辆：用于实际操作的车辆。

2. 工作组织

组织形式：每辆车安排 4 人，2 人一组进行操作，分工合作，一人操作，一人辅助并观察，其余人观察学习。每组实训时间为 20~30 min，轮流进行。

四、任务实施

1. 作业准备

（1）打开左前车门，拉紧驻车制动器，并将手动变速器置于空挡，自动变速器置于P挡。

（2）打开发动机舱盖拉手。

（3）打开发动机舱盖并可靠支撑。

（4）粘贴翼子板和前格栅磁力护裙。

2. 作业实施

按组进行故障诊断，打开维修手册，记录故障现象、诊断仪通信状态、故障码及数据流。

3. 诊断信息表

诊断电路控制参考喇叭、刮水器及洗涤系统、电动车窗电路图，如图5-2~图5-6所示。

出现不同故障会有不同故障表现及故障码，具体情况如表5-1~表5-3所示。

表 5-1　喇叭系统电路故障诊断信息分析

电路	对搭铁短路	开路 / 电阻过大	对电压短路	信号性能
喇叭开关信号	1	2	2	—
喇叭继电器控制	B2750 02	B2750 04	B2750 01	
喇叭控制	2	2	1	—
喇叭搭铁	—	2	—	—
1—喇叭始终接通；2—喇叭不工作				

表 5-2　刮水器及洗涤系统电路故障诊断信息分析

电路	对搭铁短路	开路 / 电阻过大	对电压短路	信号性能
风窗玻璃刮水器高速继电器 B+	1，2	1，2	—	—
风窗玻璃刮水器开关低速信号	1	1	1	—
风窗玻璃刮水器开关高速信号	2	2	2	—
风窗玻璃刮水器电动机停止开关信号	3	3	—	—
风窗玻璃刮水器继电器控制	B3715 02	1，2	B3715 01	—
风窗玻璃刮水器高速继电器控制	B3875 02	B3875 04	B3875 01	—
风窗玻璃刮水器电动机低速控制	1	1	4	—
风窗玻璃刮水器开关低电平参考电压	—	1，2	1，2	—
风窗玻璃刮水器电动机搭铁	—	1，2，3	—	—
风窗玻璃刮水器继电器搭铁	—	1	—	—
1—延迟或低速刮水器不工作；2—高速刮水器不工作；3—刮水器无法停止；4—刮水器始终运转				

表5-3　电动车窗系统电路故障诊断信息分析

电路	对搭铁短路	开路/电阻过大	对电压短路	信号性能
驾驶员侧车窗开关 B+	U1538 00	U1538 00	—	—
驾驶员侧车窗开关串行数据	U1534 00 U1538 00 U153A 00	U1538 00	U1538 00	—
驾驶员侧车窗开关搭铁	—	U1538 00	—	—
驾驶员侧车窗电动机 B+	U1534 00	U1534 00	—	—
驾驶员侧车窗电动机串行数据	U1534 00，U1538 00，U153A 00	U1534 00	U1534 00	—
驾驶员侧车窗电动机下降控制	B316B 02	1	1	—
驾驶员侧车窗电动机快速控制	B316B 02	1	1	—
驾驶员侧车窗电动机上升控制	B316B 02	1	1	—
驾驶员侧车窗电动机搭铁	—	U1534 00	—	—
乘客侧车窗开关 B+	U1534 00	U1534 00	—	—
乘客侧车窗开关串行数据	U1534 00，U1538 00，U153A 00	U153A 00	U153A 00	—
乘客侧车窗开关搭铁	—	U153A 00	—	—
乘客侧车窗电动机控制	2	2	2	—
左后车窗开关 B+	U1534 00	U1534 00	—	—
左后车窗开关串行数据	U1534 00，U154A 00	U1534 00	U1534 00	—
左后车窗开关搭铁	—	U1534 00	—	—
左后车窗电动机控制	3	3	3	—
右后车窗开关 B+	U154A 00	U154A 00	—	—
右后车窗开关串行数据	U154A 00，U1548 00	U154A 00	U154A 00	—
右后车窗开关搭铁	—	U154A 00	—	—
右后车窗电机控制	4	4	4	—

1—驾驶员侧车窗故障；2—乘客侧车窗不工作；3—左后车窗不工作；4—右后车窗不工作

4. 喇叭系统诊断检查步骤

1）喇叭电路／系统说明

车身控制模块（BCM）检测喇叭开关信号电路，当按下喇叭盖时，车身控制模块检测到喇叭开关信号电路的电压下降并为发动机舱盖下熔断丝盒内的喇叭印制电路板继电器提供搭铁。发动机舱盖下熔断丝盒随后将向喇叭控制电路提供 B+ 电压，喇叭鸣响。参考电路如

图 2-14、图 2-15 所示。

2）喇叭电路检查

操作步骤一：喇叭电路/系统检验。

（1）将点火开关置于"ON（打开）"位置。

（2）按下和放开喇叭盖时，确认故障诊断仪的 Horn Switch（喇叭开关）参数在 Active（激活）和 Inactive（未激活）之间变化。

（3）若未变化，维修喇叭开关；若变化，则当用故障诊断仪指令喇叭继电器打开和关闭时，确认 P12 喇叭打开和关闭并发出清晰均匀的音调。

（4）喇叭鸣叫则进入步骤二，未鸣叫则进入步骤三。

操作步骤二：电路/系统测试。

喇叭开关故障，参考图 5-2。

（1）将点火开关置于"OFF（关闭）"位置，所有车辆系统关闭，断开相应的 S33 喇叭开关的线束连接器。可能需要 2 min 才能让所有车辆系统断电。

（2）测试搭铁电路端子 2 和搭铁之间的电阻是否小于 10 Ω。若大于 10 Ω：检查搭铁线路；若小于 10 Ω：断开 K9 车身控制模块 X3 插头，检查信号端子 1 与搭铁的电阻。

如果电阻为无穷大，进行第（3）步；如果电阻不为无穷大，则电路对地短路。

（3）检查测量 X3/18 至喇叭开关信号端子 1 的电阻，正常应小于 1 Ω，否则线路故障。

（4）若电阻正常，则更换 K9 控制模块。

操作步骤三：部件测试 ⇒ 继电器测试。

（1）将点火开关置于"OFF（关闭）"位置，断开 KR3 喇叭继电器。

（2）测试端子 85 和 86 之间的电阻是否在 60~180 Ω。若小于 60 Ω 或大于 180 Ω，更换继电器。若在 60~180 Ω，则执行以下操作。

（3）测量下列端子之间的电阻是否为无穷大：

① 30 和 86；

② 30 和 87；

③ 30 和 85；

④ 85 和 87。

若电阻不为无穷大，则更换继电器；若电阻为无穷大，则执行以下操作。

（4）在继电器端子 85 和 12 V 电压之间安装一根带 20 A 的熔断丝跨接线。将一根跨接线安装在继电器端子 86 和搭铁之间。

（5）测试端子 30 和 87 之间的电阻是否小于 2 Ω。若等于或大于 2 Ω，则更换继电器；若小于 2 Ω，则一切正常。

5. 刮水器及洗涤系统诊断检查步骤

1）刮水器及洗涤电路/系统说明

车身控制模块监测前刮水器/洗涤器开关的几个信号来确定前刮水器/洗涤器系统的操作模式。车身控制模块通过两个输出信号和对一个输入信号的监测来控制挡风玻璃刮水器电动机操作。

车身控制模块检测到瞬时挡风玻璃洗涤器控制开关启动时，车身控制模块会启用清洗泵继电器驱动输出信号，电器通电，从而将蓄电池电源施加至泵电动机。

2）刮水器及洗涤系统电路检查

操作步骤一：电路/系统检验。

打开点火开关，按下和释放挡风玻璃洗涤器开关时，确认故障诊断仪的"挡风玻璃洗涤器开关"参数在"激活"和"未激活"之间切换。

如果参数未变化，进入操作步骤二的挡风玻璃刮水器/洗涤器开关故障测试；如果参数改变，用故障诊断仪指令"挡风玻璃洗涤器继电器激活"打开，如果挡风玻璃洗涤器未打开，进入操作步骤二的挡风玻璃洗涤器泵故障测试。

操作步骤二：电路/系统测试。

（1）挡风玻璃刮水器/洗涤器开关故障。

①关闭点火开关，所有车辆系统关闭，断开 S82 挡风玻璃刮水器/洗涤器开关插头，测试负极端子 2 和搭铁之间的电阻是否小于 2Ω，如果否则进行步骤②；如果是则进行步骤③。

②关闭点火开关，测试负极电路端到端电阻是否小于 2Ω。若是则修理电路中的开路/电阻过大；若否则更换 K9 车身控制模块。

③打开点火开关，确认故障诊断仪"挡风玻璃洗涤器开关"参数为"未激活"，激活进入步骤④，未激活进入步骤⑤。

④关闭点火开关，断开 K9 车身控制模块插头，测试信号端子 5 和搭铁之间的电阻是否为无穷大。若否则修理电路上的对搭铁短路故障；若是则更换 K9 车身控制模块。

⑤端子 5 和端子 2 之间安装 3A 保险丝的跨接线，确认故障诊断仪"挡风玻璃洗涤器开关"参数为"激活"，未激活进入步骤⑥，激活进入步骤⑦。

⑥关闭点火开关，拆下跨接线，断开 K9 车身控制模块插头；打开点火开关，测试信号电路和搭铁之间的电压是否低于1V。若否则修理电路上的对电压短路；若是则测试信号电路的端到端电阻是否小于 2Ω。若否则修理电路中的开路/电阻过大；若是则更换 K9 车身控制模块。

⑦测试或更换 S82 挡风玻璃刮水器/洗涤器开关。

（2）挡风玻璃洗涤器泵故障。

①关闭点火开关，所有车辆系统关闭，断开"G24 挡风玻璃洗涤器泵"的线束连接器。

②测试搭铁电路端子 2 和搭铁之间的电阻是否小于 2Ω，若否则测试搭铁电路端对端的电阻是否小于 2Ω。如果等于或大于 2Ω，则修理电路中的开路/电阻过大；如果小于 2Ω，

则修理搭铁连接中的开路／电阻过大。

若搭铁电路端子 2 和搭铁之间的电阻小于 2Ω，则进行步骤③。

③打开点火开关，用试灯测试端子 1，在故障诊断仪指令"挡风玻璃洗涤器继电器"激活和未激活时，确认测试灯状态。如果测试灯点亮和熄灭：测试或更换"G24 挡风玻璃洗涤器泵"；如果测试灯未点亮和熄灭：检查洗涤器继电器及控制线路故障。

步骤三：部件测试 ⇒ 继电器测试。

和喇叭系统部件测试一样，检查刮水器继电器、洗涤继电器。

6. 车窗系统诊断检查步骤

操作步骤一：电路／系统检验。

车窗开关激活后，驾驶员侧车窗电动机为驾驶员侧车窗开关施加 12V 信号电路，开关关闭时向相应的信号电路提供搭铁并让电压下降至 0V。驾驶员侧车窗电动机将检测信号电路中的压降，然后指令车窗向需要的方向移动。

驾驶员侧车窗电动机主控制开关还包含乘客、左后和右后车窗功能的控制开关。当按下车窗开关后，一个串行数据信息将发送至车身控制模块。车身控制模块检验该请求并检查是否有来自其他电动车窗电动机的禁止车窗移动的信息。如果没有收到禁止信息，车身控制模块将向相应的乘客侧车窗或后车窗开关发送串行数据信息以按照请求执行指令。

操作步骤二：电路／系统测试。

（1）打开点火开关，用诊断仪或车窗开关控制任何一个车窗电动机上升和下降时，确认该车窗电动机正常工作，如果该相应车窗电动机没有工作，进入步骤（2）。

（2）检查不能升降电动机的供电线路、搭铁线路。

（3）检查车窗开关自身是否存在故障。

操作步骤三：部件测试 ⇒ 升降电动机测试。

（1）关闭点火开关，断开相应的乘客侧或后 M74 车窗电动机的插头。

（2）在其中一个控制端子和 12V 电压之间安装一条带 25 A 保险丝的跨接线。暂时在其他控制端子和搭铁之间安装一条跨接线。反接跨接线至少 2 次，M74 车窗电动机应执行"上升"和"下降"功能。如果该功能没有执行"上升"和"下降"功能，则更换乘客侧或后 M74 车窗电机。

7. 整理工位

两名学生同时清洁整理工具，清洁工位地面卫生。

8. 实训总结

（1）总结点评每组学生的实训过程，并给出评价。

（2）布置作业：学生分组完成工作页。

五、任务评价

喇叭、刮水器及电动车窗线路检测

任务评分表 2

姓名		班级		组别	
作业开始时间		作业结束时间		总计 / 分	

汽车电气系统故障诊断与维修任务评分表

任务：汽车喇叭、刮水器及洗涤系统、电动车窗控制线路检测

作业情景：

• 若选用整车请填写【1. 车辆信息】；

• 选用的整车或台架具备功能需符合【应具备正常系统功能】栏

1. 车辆信息

品牌		整车型号		生产日期	
发动机型号		发动机排量		行驶里程	
车辆识别码					
应具备正常系统功能	具备喇叭、刮水器、电动车窗功能				

2. 使用资料情况

根据选用整车或发动机台架填写【使用维修手册】及【使用其他的资料】信息

使用维修手册	品牌：　　　车型：　　　年份： □中文版　□英文版	□电子版　□纸质版

3. 使用设施设备情况

• 依据【使用设施设备】填写【学校实际使用设施设备名称】及【品牌】；

• 需按【要求数量】准备设施设备

4. 车辆故障信息

• 依据实际情况填写【车辆原有故障】，车辆原有故障不应影响考核项目顺利进行

车辆原有故障	
车辆设置项目	一、车辆信息记录 二、蓄电池电压检测 三、汽车喇叭、刮水器、车窗系统控制电路检测
设置评分依据	

评分标准				
评分项	得分条件	评分标准	配分	扣分
情意面 （作业安全） （职业操守）	1. 能进行工位 7S 操作（总分 3 分） □ 1.1 整理、整顿（0.5 分） □ 1.2 清理、清洁（1 分） □ 1.3 素养、节约（0.5 分） □ 1.4 安全（1 分） 2. 能进行设备和工具安全检查（总分 3 分） □ 2.1 检查作业所需工具设备是否完备，有无损坏（0.5 分） □ 2.2 检查作业环境是否配备灭火器（0.5 分） □ 2.3 检查检测设备的电量是否充足（1 分） □ 2.4 检查检测设备的插头及电缆的放置位置是否安全（1 分） 3. 能进行实训车辆安全防护操作（总分 3 分） □ 3.1 拉起车辆驻车制动器（1 分） □ 3.2 确认车辆安全稳固（1 分） □ 3.3 铺设防护布垫（1 分）	依据得分条件进行评分，按要求完成在□打√，未按要求完成在□打 × 并扣除对应分数，扣分不得超过 15 分	15	

评分项	得分条件	评分标准	配分	扣分
情意面 （作业安全） （职业操守）	4.能进行工具量具清洁、校准、存放操作（总分3分） □ 4.1 使用前对工具量具进行校准（1分） □ 4.2 使用后对工具量具进行清洁（1分） □ 4.3 作业完成后对工具量具进行复位（1分） 5.能进行三不落地操作（总分3分） □ 5.1 作业过程做到工具量具不落地（1分） □ 5.2 作业过程做到零件不落地（1分） □ 5.3 作业过程做到油污不落地（1分）	依据得分条件进行评分，按要求完成在□打√，未按要求完成在□打×并扣除对应分数，扣分不得超过15分	15	
作业面 （保养作业） （拆装作业） （维修作业）	1.能正确测试喇叭系统线路（总分9分） □ 1.1 找到喇叭的位置，并测量供电、搭铁线路、喇叭阻值（3分） □ 1.2 测量喇叭开关阻值并判断是否正常（3分） □ 1.3 测量喇叭继电器及车身控制模块线路并判断（3分） 2.能正确测试刮水器及洗涤系统（总分15分） □ 2.1 验证刮水器各挡位功能及洗涤系统功能（3分） □ 2.2 测量刮水器继电器及保险丝并判断（3分） □ 2.3 测量刮水器电动机阻值并判断（3分） □ 2.4 测量刮水器 / 洗涤开关阻值并判断（3分） □ 2.5 测量洗涤电动机的阻值并判断（3分） 3.能正确测试电动车窗系统（总分16分） □ 3.1 验证电动车窗各挡位功能并记录故障现象（3分） □ 3.2 测量电动车窗电源线路及负极线路是否正常（3分） □ 3.3 测量电动车窗开关是否正常（3分） □ 3.4 测量车窗电动机是否正常（3分） □ 2.5 测量车窗系统LIN线电压及阻值是否正常（4分）	依据得分条件进行评分，按要求完成在□打√，未按要求完成在□打×并扣除对应分数，扣分不得超过40分	40	
信息面 （信息录入） （资料应用） （资讯检索）	□ 1.查询喇叭系统电路原理图、位置图（3分） □ 2.查询刮水器 / 洗涤系统电路原理图、位置图（4分） □ 3.查询电动车窗系统电路原理图、位置图（4分） □ 4.记录喇叭系统故障及检测结果（3分） □ 5.记录刮水器 / 洗涤系统故障及检测结果（3分） □ 6.记录电动车窗系统故障及检测结果（3分）	依据得分条件进行评分，按要求完成在□打√，未按要求完成在□打×并扣除对应分数，扣分不得超过20分	20	
工具及设备的使用能力 （岗位所需工具设备的使用能力） （办公软件的使用能力） （查询软件的使用能力）	□ 1.能正确选用教材、实训设备、维修手册（电子版）（3分） □ 2.能正确使用教材、维修手册（3分） □ 3.能正确使用实训设备（4分）	依据得分条件进行评分，按要求完成在□打√，未按要求完成在□打×并扣除对应分数，扣分不得超过10分	10	
分析面 （诊断分析） （检测分析） （调校分析）	□ 1.能根据资料结合故障现象，分析故障的可能原因及检测步骤（5分） □ 2.能根据测量结果，正确判断故障部位及原因（5分）	依据得分条件进行评分，按要求完成在□打√，未按要求完成在□打×并扣除对应分数，扣分不得超过10分	10	
表单填写与报告的撰写能力 （纸质工单）	□ 1.字迹清晰（1分） □ 2.语句通顺（1分） □ 3.无错别字（1分） □ 4.无涂改（1分） □ 5.无抄袭（1分）	依据得分条件进行评分，按要求完成在□打√，未按要求完成在□打×并扣除对应分数，扣分不得超过5分	5	
合计			100	

任务三　汽车喇叭、刮水器电动机、车窗电动机检查与更换

一、任务导入

张先生的汽车在某个下雨天行驶时，刮水器突然不工作了，于是他紧急停车并待雨停后到4S店维修，还发现存在洗涤电动机不喷水、右前车窗不升降的故障。假如你是该店的维修技师，你如何处理该故障？

二、任务说明

本任务是检查元件故障导致无法正常工作的情况，本任务的目标是学习用电器更换步骤与方法。

三、任务准备

1. 工具准备

（1）万用表：用于检测电压、电阻等电气参数。

（2）专用解码器：用于读取和清除车辆故障码。

（3）套装工具：包括扳手、螺丝刀等，用于拆卸和安装零件。

（4）零件车：提供可能需要更换的零件。

（5）工具车：携带各种维修工具。

（6）三件套：个人防护装备，如防护手套、护目镜、工作服等。

（7）实训车辆：用于实际操作的车辆。

2. 工作组织

1）组织形式

每辆车安排8人，2人一组，一组操作，其余小组观察学习。每组实训时间为40 min，轮流进行。

2）学生工位分工

两名学生为一组。

3）指导教师职责

讲解操作步骤和注意事项；工位巡视、检查、指导和纠正错误，确保实训安全。

四、任务实施

1. 操作准备

（1）打开左前车门，拉紧驻车制动器，并将变速器置于空挡、安装车辆挡块。

（2）打开发动机舱盖拉手。

（3）打开发动机舱盖并可靠支撑。

（4）粘贴翼子板和前格栅磁力护裙。

2. 喇叭更换流程

1）拆卸程序

（1）举升和顶起车辆。

（2）拆下前保险杠蒙皮卡扣下盖固定件（图5-7左图）。

（3）拆卸两侧的前轮罩衬板螺钉（图5-7右图）。

图5-7 保险杠蒙皮卡扣拆卸
1—固定件；2—螺钉

（4）拆下前保险杠蒙皮上螺钉，参照图5-8左图中序号顺序依次拆卸。

（5）小心将前保险杠蒙皮向外拉出（图5-8右图），从而将固定凸舌从前保险杠蒙皮导板上松开。

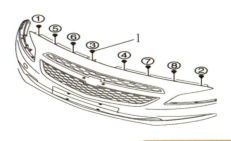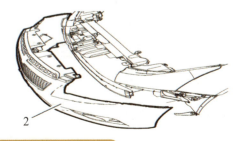

图5-8 拆下保险杠蒙皮上螺钉
1—螺钉；2—蒙皮

（6）断开所有电气连接器，在助手的帮助下，拆下前保险杠蒙皮（图5-9左图）。

（7）断开喇叭电气连接器，松开喇叭螺钉，取下喇叭（图5-9右图）。

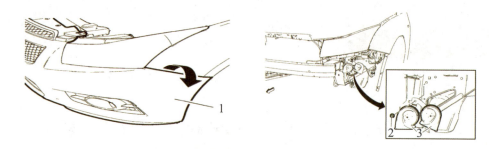

图5-9 取下喇叭

1—蒙皮；2—螺钉；3—喇叭

2）安装程序

按照与拆卸相反的顺序安装。

3 刮水器电动机的更换流程

1）拆卸程序

（1）拆卸防尘盖及固定螺帽后，取下雨刮条（图5-10左图）。

（2）拆下发动机舱盖后挡风雨条（图5-10右图）。

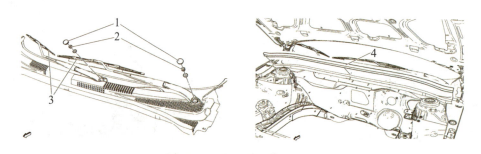

图5-10 拆卸刮水器臂

1—防尘盖；2—螺帽；3—雨刮条；4—挡风雨条

（3）拆下进风口格栅板固定卡扣，拆卸进风口格栅板（图5-11左图）。

（4）拆卸固定螺钉及螺帽后，取下刮水器电动机（图5-11右图）。

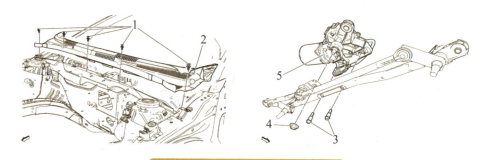

图5-11 拆卸刮水器电动机

1—固定卡扣；2—格栅板；3—螺钉；4—螺帽；5—刮水器电动机

2）安装程序

按照与拆卸相反的顺序安装。

4. 车窗电动机更换流程

1）拆卸程序

（1）拆下前侧门上装饰盖及卡扣（图5-12左图）。

（2）拆下前侧门内饰件固定螺钉盖板及固定锁定后，用撬板撬开内饰板，待所有固定卡扣松脱后，取下内饰板（图5-12右图）。

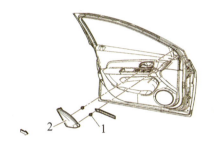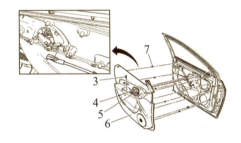

图5-12　拆卸车门装饰盖和装饰件

1—卡扣；2—装饰盖；3，4—固定锁定；5—螺钉盖板；6—内饰板；7—固定卡扣

（3）拆下前侧门车窗，拆卸车窗密封条（图5-13）。

图5-13　拆卸装饰条

1—前侧门车窗；2—密封条

（4）拆下前侧车窗玻璃升降器支架固定螺钉后，取下玻璃升降器支架（图5-14左图）。

（5）拆下前侧车窗电动机固定螺钉后，取下车窗电动机（图5-14右图）。

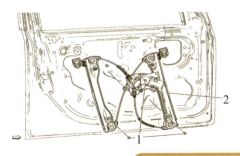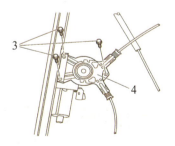

图5-14　拆卸车窗电动机

1，3—螺钉；2—玻璃升降器支架；4—车窗电动机

2）安装程序

按照与拆卸相反的顺序安装。

5. 整理工位

两名学生同时清洁整理工具，清洁工位地面卫生。

6. 实训总结

（1）总结点评每组学生的实训过程，并给出评价。

（2）布置作业：学生分组完成工作页。

喇叭、刮水器电动机、车窗电动机检查与更换

五、任务评价

任务评分表 3

姓名		班级		组别	
开始时间		结束时间		总计 / 分	

汽车电气系统故障诊断与维修任务评分表

任务：汽车喇叭、刮水器电动机、车窗电动机检查与更换

作业情景：
• 若选用整车请填写【1 车辆信息】；
• 选用的整车或台架具备功能需符合【应具备正常系统功能】栏

1. 车辆信息

品牌		整车型号		生产日期	
发动机型号		发动机排量		行驶里程	
车辆识别码					
应具备正常系统功能	具备喇叭、刮水器、电动车窗功能				

2. 使用资料情况
根据选用整车或发动机台架填写【使用维修手册】及【使用其他的资料】信息

使用维修手册	品牌： 车型： 年份： □中文版 □英文版	□电子版 □纸质版

3. 使用设施设备情况
• 依据【使用设施设备】填写【学校实际使用设施设备名称】及【品牌】；
• 需按【要求数量】准备设施设备

4. 车辆故障信息：
• 依据实际情况填写【车辆原有故障】，车辆原有故障不应影响考核项目顺利进行

车辆原有故障	
车辆设置项目	一、车辆信息记录　二、蓄电池电压检测　三、喇叭、刮水器电动机、车窗电动机的更换

评分标准				
评分项	得分条件	评分标准	配分	扣分
情意面（作业安全）（职业操守）	1. 能进行工位 7S 操作（总分 3 分） □ 1.1 整理、整顿（0.5 分） □ 1.2 清理、清洁（1 分） □ 1.3 素养、节约（0.5 分） □ 1.4 安全（1 分）	依据得分条件进行评分，按要求完成在□打√，未按要求完成在□打×并扣除对应分数，扣分不得超过 15 分	15	

评分项	得分条件	评分标准	配分	扣分
情意面 （作业安全） （职业操守）	2. 能进行设备和工具安全检查（总分3分） □ 2.1 检查作业所需工具设备是否完备，有无损坏（0.5分） □ 2.2 检查作业环境是否配备灭火器（0.5分） □ 2.3 检查检测设备的电量是否充足（1分） □ 2.4 检查检测设备的插头及电缆的放置位置是否安全（1分） 3. 能进行实训车辆安全防护操作（总分3分） □ 3.1 拉起车辆驻车制动器（1分） □ 3.2 确认车辆安全稳固（1分） □ 3.3 铺设防护布垫（1分） 4. 能进行工具量具清洁、校准、存放操作（总分3分） □ 4.1 使用前对工具量具进行校准（1分） □ 4.2 使用后对工具量具进行清洁（1分） □ 4.3 作业完成后对工具量具进行复位（1分） 5. 能进行三不落地操作（总分3分） □ 5.1 作业过程做到工具量具不落地（1分） □ 5.2 作业过程做到零件不落地（1分） □ 5.3 作业过程做到油污不落地（1分）	依据得分条件进行评分，按要求完成在□打√，未按要求完成在□打×并扣除对应分数，扣分不得超过15分	15	
作业面 （保养作业） （拆装作业） （维修作业）	1. 能正确更换喇叭（总分12分） □ 1.1 按照规范断开蓄电池负极（1分） □ 1.2 按照规范拆卸保险杠（2分） □ 1.3 正确判断喇叭是否存在故障（3分） □ 1.4 按照规范更换喇叭（3分） □ 1.5 所有零部件复原安装（3分） 2. 能正确更换刮水器电动机及洗涤电动机（总分14分） □ 2.1 按照规范断开蓄电池负极（1分） □ 2.2 按照规范拆卸保险杠及雨刮臂、格栅板（3分） □ 2.3 正确判断刮水器电动机及洗涤电动机是否存在故障（3分） □ 2.4 按照规范更换刮水器电动机及洗涤电动机（3分） □ 2.5 所有零部件复原安装（4分） 3. 能正确更换车窗电动机（总分14分） □ 2.1 按照规范断开蓄电池负极（1分） □ 2.2 按照规范拆卸车门内饰板（3分） □ 2.3 正确判断车窗电动机是否存在故障（3分） □ 2.4 按照规范更换车窗电动机（3分） □ 2.5 所有零部件复原安装（4分）	依据得分条件进行评分，按要求完成在□打√，未按要求完成在□打×并扣除对应分数，扣分不得超过40分	40	
信息面 （信息录入） （资料应用） （资讯检索）	□ 1. 查询喇叭更换流程（2分） □ 2. 查询刮水器电动机/洗涤电动机更换流程（3分） □ 3. 查询车窗电动机更换流程（3分） □ 4. 记录喇叭故障及检测结果（4分） □ 5. 记录刮水器电动机/洗涤电动机故障及检测结果（4分） □ 6. 记录车窗电动机故障及检测结果（4分）	依据得分条件进行评分，按要求完成在□打√，未按要求完成在□打×并扣除对应分数，扣分不得超过20分	20	
工具及设备的使用能力	□ 1. 能正确选用教材、实训设备、维修手册（电子版）（3分） □ 2. 能正确使用教材、实训设备、维修手册（3分） □ 3. 能正确使用实训设备（4分）	依据得分条件进行评分，按要求完成在□打√，未完成打×并扣除对应分数，扣分不得超过10分	10	

评分项	得分条件	评分标准	配分	扣分
分析面 （诊断分析） （检测分析） （调校分析）	□ 1. 能正确分析检查结果（5分） □ 2. 能正确分析配件是否正常（5分）	依据得分条件进行评分，按要求完成在□打√，未按要求完成在□打×并扣除对应分数，扣分不得超过10分	10	
表单填写与报告的撰写能力 （纸质工单）	□ 1. 字迹清晰（1分） □ 2. 语句通顺（1分） □ 3. 无错别字（1分） □ 4. 无涂改（1分） □ 5. 无抄袭（1分）	依据得分条件进行评分，按要求完成在□打√，未按要求完成在□打×并扣除对应分数，扣分不得超过5分	5	
合计			100	

项目提升 →

项目五 学习测试

拓展阅读

　　杨文浩，男，中共党员，汽车维修工高级技师，四川交通职业技术学院副教授。杨文浩2017年毕业于西华大学与四川交通职业技术学院联办的高端技术技能型本科专业，以全班第一名的优异成绩保送西华大学车辆工程专业研究生，研究生毕业后留校任教至今。2017年，杨文浩荣获第44届世界技能大赛"汽车技术"项目银牌，被授予"全国技术能手"称号，2018年被授予"全国青年岗位能手"称号，2019年被授予第二届"四川工匠"称号。

　　一个偶然的机会，他进入了学校的技能竞赛队，经过一次一次的选拔，他成了竞赛队的主力，最后在四川省选拔赛中，以第二名的成绩入围国家选拔赛。

　　在全国选拔赛中，经过一轮又一轮的淘汰赛，最终杨文浩以全国第一名的成绩代表中国出战阿布扎比，经过几天的连续奋战，夺得第44届世界技能大赛"汽车技术"项目银牌。

项目六

汽车空调系统故障诊断与排除

项目说明 →

　　汽车空调制冷功能时好时坏是汽车空调系统常见故障，本项目按照企业工作过程设计任务，学习相关知识，分析故障现象，确定诊断思路，排除故障。本项目涉及汽车空调系统基础知识、空调系统故障常用维修思路、空调系统典型故障的维修作业流程，融合"岗课赛证"考核内容，实现课程学习与职业资格认证的有机结合。

项目目标 →

知识目标

1. 了解汽车空调系统的组成、结构及特点。

2. 熟悉汽车空调系统工作原理、电路图及其识读方法。

3. 熟悉汽车空调系统常见故障及其一般原因，掌握故障诊断思路。

能力目标

1. 能正确识读汽车空调系统控制的电路图。

2. 能对空调系统进行检漏作业。

3. 能根据检测的数据判断故障原因并进行维修。

4. 熟悉标准作业流程，基本具备空调系统维修实际作业能力。

素养目标

1. 树立安全意识、规范意识。

2. 培养较强的动手操作能力。

3. 促成严谨细致的工作态度和大国工匠精神。

4. 树立学生思维能力。

知识准备 汽车空调系统基础知识

一、汽车空调系统概述

1. 汽车空调系统

　　汽车空调系统是实现对车厢内空气进行制冷、加热、换气和空气净化的装置。它可以为乘车人员提供舒适的乘车环境，降低驾驶员的疲劳强度，提高行车安全。汽车空调系统运转时主要依靠空调压缩机运转。空调压缩机是通过皮带与发动机连接的，发动机运行后才能运行空调压缩机，但压缩机还需通过电磁离合机构来控制压缩机工作与否。汽车空调系统一般分为手动空调系统和自动空调系统。手动空调系统需要手动控制车内温度（依靠调整出风口的温度来控制），自动空调则通过控制模块来调整控制汽车内部温度。汽车空调系统一般由压缩机、蒸发器、膨胀阀、储液干燥器、冷凝器、散热风扇、鼓风机等组成，如图 6-1、图 6-2 所示。

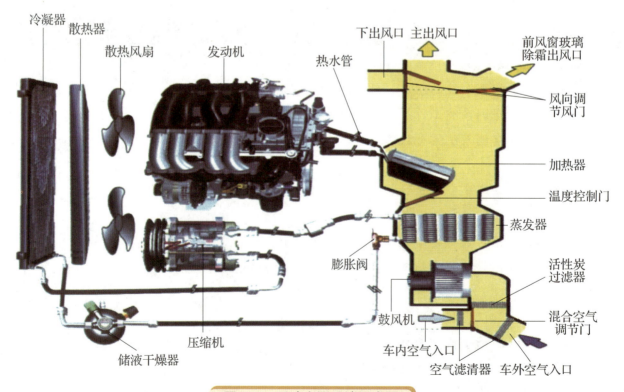

图 6-1　手动空调系统组成图

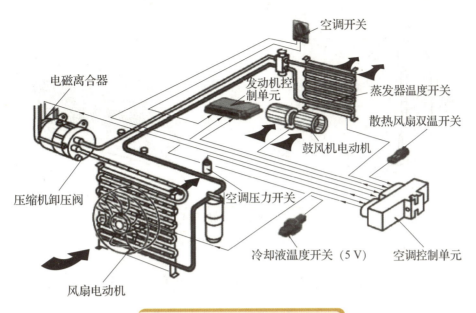

图 6-2　空调系统组成示意图

2. 汽车空调装置的组成及作用

1）制冷系统

汽车空调制冷系统主要由制冷循环和电气控制两大部分组成。制冷循环由压缩机、冷凝器、蒸发器、储液干燥器和膨胀阀等组成，如图 6-3 所示。

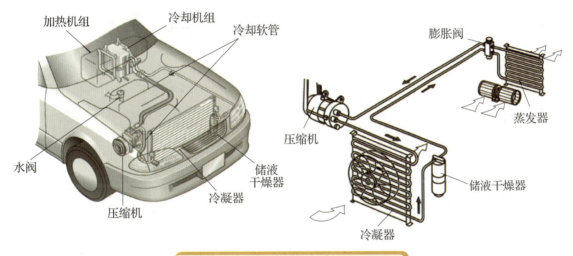

图 6-3　空调制冷系统组成示意图

2）采暖系统

采暖系统由加热器芯、鼓风机、水管、水阀和操纵机构等组成。汽车采暖系统通常是以发动机冷却液为热源，也有用电作为热源的。汽车同时采用发动机冷却液和电作为热源，结构上是在加热器芯上加一个 PTC 加热器，当冷却液温度较低时，电流流过 PTC 加热器使温度在短时间内很快上升，如图 6-4 所示。当冷却液温度到达 80 ℃后，主要由冷却液供热。

PTC 加热器：加热器中利用 PTC 热敏电阻作为一个加热元件，当温度达到 80 ℃左右时，PTC 电阻将突然增大，流过电流骤减到极小。

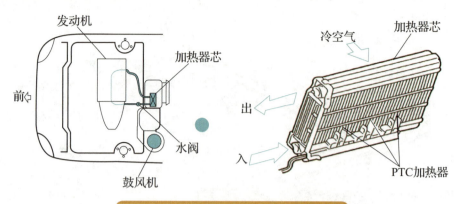

图 6-4   空调采暖系统组成示意图

3）送风与空气净化系统

送风与空气净化系统由进风口、过滤器、鼓风机、风门、出风口等组成，如图 6-5 所示。

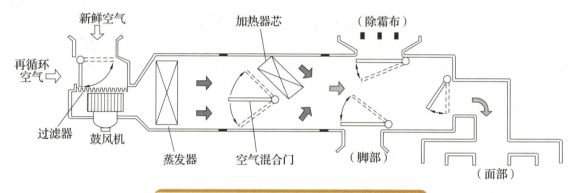

图 6-5   送风与空气净化系统组成示意图

4）控制系统

控制系统主要由空调 ECU、传感器、执行器等组成，如图 6-6 所示。

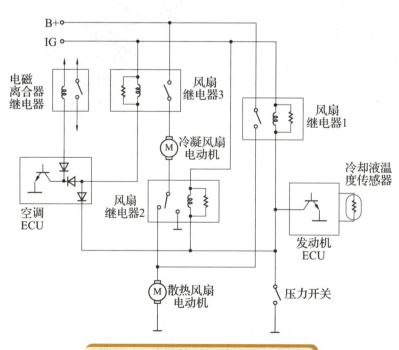

图 6-6   空调控制系统组成示意图

新能源热泵
空调系统
理论

汽车空调系
统的组成及
工作原理

二、空调系统的工作原理

汽车空调的功能是给车内乘员创造舒适环境。根据人体生理特点，头部对冷比较敏感，夏季冷风吹到头部比吹到身体其他部位感到舒服，头脑也容易保持清醒。而冬季，足部对热比较敏感，只要足部暖和了，全身都会感到舒服。出风口的布置要求遵循"头凉足暖"的原则。汽车空调是通过整体或局部地调节温度、湿度和风量，来实现为乘员创造一个最佳环境的功能，如图 6-7 所示。

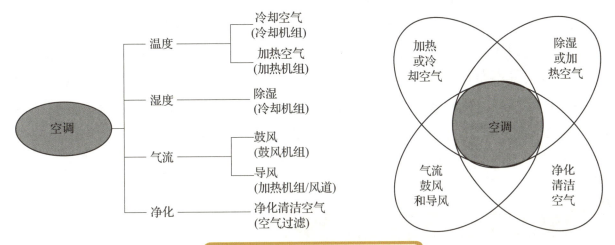

图 6-7　汽车空调的功能示意图

1. 空调制冷原理

蒸发液体从周围环境吸收热量使车厢温度下降，若让气体排放到空气中并不补充液体是不现实的。为此，应该使蒸发的气体冷却，然后液化并使之循环流动。

使气体变成液体，就必须使气体释放出热量，若气体在高压下被压缩，则在空调系统中液化就相对容易些，先利用压缩机给气体加压，再用冷凝器从气体中吸收热量。空调制冷模型示意图如图 6-8 所示。

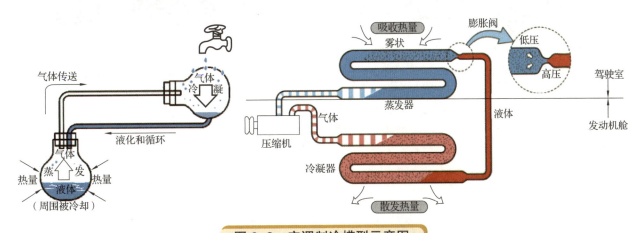

图 6-8　空调制冷模型示意图

在制冷系统中，将极易蒸发的制冷剂密封在系统管路内，制冷剂在系统内循环流动，重复地进行气体、液体的转变。制冷剂先是吸收车厢内空气的热，然后流到车厢外释放热，从而使车厢内温度下降达到制冷目的。

2. 空调制热原理

汽车空调制热主要依靠冷却液循环来实现热交换，发动机在运行过程中会产生大量的热量，这些热量通过冷却液循环系统来散发。冷却液在发动机内部循环，吸收热量后流经散热器（水箱）进行冷却，然后再次流回发动机。

在一些车型中，除了利用发动机冷却液的热量外，还可能配备电加热器（如 PTC 加热器）作为辅助热源。这种电加热器可以在发动机尚未达到工作温度时提供额外的热能，或者在寒冷天气中快速升温。一些现代汽车可能配备有双模式空调系统，可以在发动机冷却液和电加热器之间自动切换，以提供最佳的加热效率。总的来说，汽车空调制热主要是利用发动机产生的热量，通过热交换器将热量传递给车厢内空气，以实现车厢内温度的升高。

三、压缩机的组成和作用

压缩机是汽车空调制冷系统的"心脏"，是制冷系统的动力源泉。压缩机能保持制冷剂的循环，将吸入的低压低温的制冷剂蒸气通过压缩机加压后变成高温高压的制冷剂蒸气，输送至冷凝器。

汽车空调压缩机一般由压缩机主轴、阀板组件、斜盘、连杆、缸体以及摇板等组成，如图 6-9、图 6-10 所示。

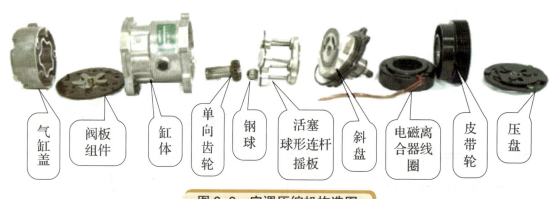

气缸盖　阀板组件　缸体　单向齿轮　钢球　活塞球形连杆摇板　斜盘　电磁离合器线圈　皮带轮　压盘

图 6-9　空调压缩机构造图

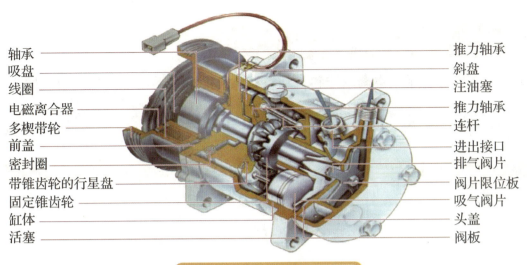

轴承
吸盘
线圈
电磁离合器
多楔带轮
前盖
密封圈
带锥齿轮的行星盘
固定锥齿轮
缸体
活塞

推力轴承
斜盘
注油塞
推力轴承
连杆
进出接口
排气阀片
阀片限位板
吸气阀片
头盖
阀板

图 6-10　空调压缩机组成

四、制冷剂的使用要求

　　汽车空调制冷剂有 R12 和 R134a，早期汽车空调以 R12 为制冷剂，但由于 R12 中包含氯氟烃类物质，对大气臭氧层有严重的破坏作用，危及人类的健康及生存环境，很多国家已禁用 R12 作为汽车空调制冷剂。目前，R134a 已经取代 R12。

　　R134a 是一种安全性好、无色、无味、不燃烧、不爆炸、基本无毒性、化学性质稳定、无腐蚀性的物质。虽然 R134a 对大气臭氧层没有破坏作用，但它是产生温室效应的气体，所以在对制冷系统部件进行维修前及更换制冷剂时要使用专用设备回收制冷剂。

　　对制冷剂操作时要注意以下事项：

　　（1）戴护目镜，避免液态制冷剂进入眼睛，制冷剂会瞬间冻结眼球中的水分，有可能导致失明。另外，避免液态制冷剂接触到手，引起冻伤。

　　（2）安装和拆卸检修罐或歧管压力表时严禁靠近脸部操作，万一制冷剂（液态）喷出会造成严重伤害。

　　（3）避免制冷剂接触明火或高温零件部位，制冷剂遇到明火或在高温时会转化为有害气体。

　　（4）不要在封闭空间进行作业，要特别注意通风。

　　制冷剂的检查与加注的工艺流程如图 6-11 所示。

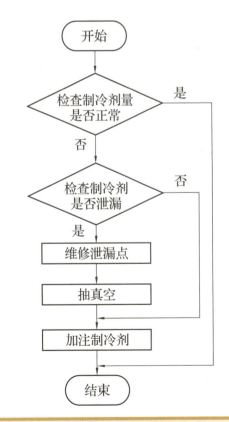

图 6-11　制冷剂的检查与加注的工艺流程

五、汽车空调系统的控制方式

汽车空调系统分为手动空调系统和自动空调系统两种，手动空调系统用机械开关控制，其组成如表 6-1 所示，自动空调系统通过模块控制，其组成如表 6-2 所示。

表 6-1 手动空调系统组成

名称	作用或特点
蓄电池 / 发电机	为压缩机电磁离合机构提供电压
A/C 开关	控制压缩机电磁离合器接通
电磁离合器继电器	控制压缩机工作
风扇继电器	控制散热风扇转动
鼓风机	给车厢送风

表 6-2 自动空调系统组成

名称	作用或特点
蓄电池 / 发电机	为压缩机电磁离合机构提供电压
ECU	负责空调系统所有控制
冷却液温度传感器	给 ECU 发送信号
室内温度传感器	测量车厢内温度，并给 ECU 提供温度信号
电磁离合器继电器	控制压缩机工作
风扇继电器	控制散热风扇转动
鼓风机	给车厢送风

1. 手动空调系统的控制

手动空调系统通过 A/C 开关来控制空调压缩机工作。首先打开鼓风机开关调节风速，打开温度控制开关调节温度；再打开 A/C 开关，打开电磁离合器继电器线圈通电，压缩机开始工作。手动空调系统控制原理如图 6-12 所示。

2. 自动空调系统的控制

自动空调系统通过控制开关控制车厢内温度，ECU 收到控制温度信号后控制压缩机工作，同时控制散热风扇继电器工作和鼓风机继电器工作，继电器工作后压缩机、散热风扇和鼓风机完成工作。自动空调系统控制原理如图 6-13 所示。

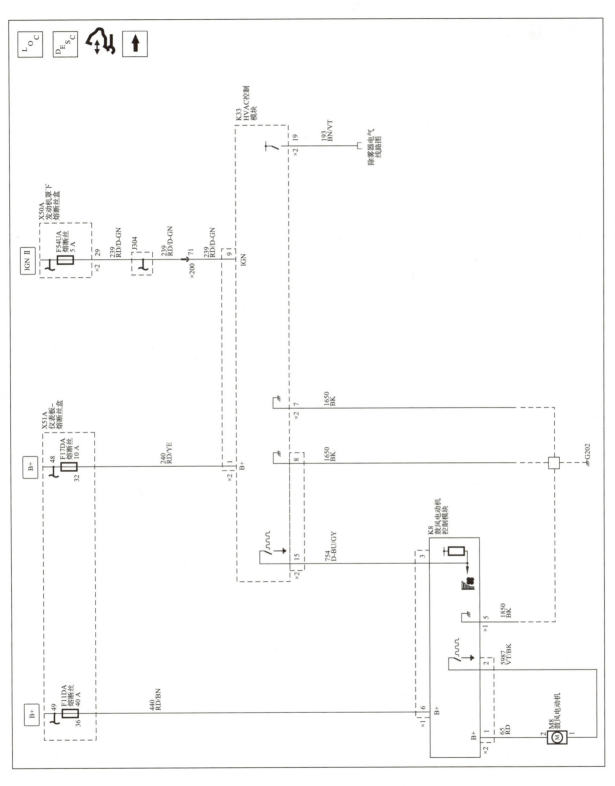

图6-12　手动空调系统控制原理

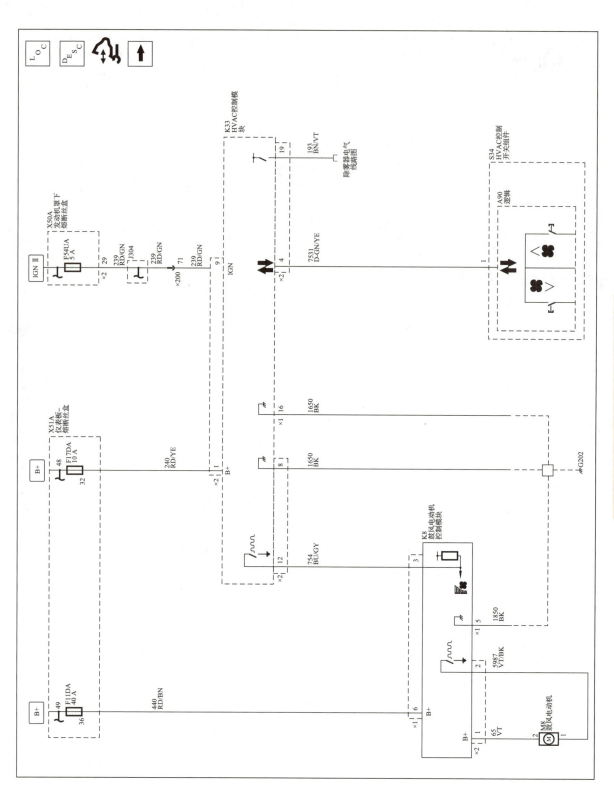

图6-13 自动空调系统控制原理

六、压缩机使用要求

（1）压缩机的制冷能力要强，因为汽车行驶情况变化频繁，汽车发动机转速变化范围很大，要确保汽车在低速时有良好的制冷效果，就需要压缩机的制冷能力足够强。

（2）压缩机的效率要高，以节省发动机的动力，尤其在汽车高速行驶时，消耗发动机的动力要小，以免影响汽车正常行驶。

（3）压缩机的体积要小、重量要轻，以减轻车辆自重，提高汽车的动力性和经济性，尤其是轿车，其安装空间有限，体积小、重量轻的压缩机就更显得重要了。

（4）压缩机要耐高温、抗振动，因为发动机周围的温度最高可达 120 ℃ 且汽车行驶过程中的颠簸振动在所难免。

（5）要求压缩机起动与运转平稳、振动小、噪声低、工作可靠。

✎ 思考与练习

1. 空调压缩机有何功用？

2. 试述蒸发器的作用原理。

3. 试述冷凝器的功用。

任务一　汽车空调系统故障分析

一、任务导入

张先生的爱车空调运行时，感觉车内送风一阵凉，一阵不凉，空调制冷效果时好时坏。张先生将车开至 4S 店，假如你是专业维修工，你将怎样处理这类故障？

二、任务说明

进行这项任务是为了诊断和排除汽车空调系统故障的问题。汽车空调系统故障是一个综合型故障，包含了汽车空调控制系统故障、汽车空调压缩机故障、汽车空调鼓风机故障、汽车出风口控制系统故障、暖风散热器等综合型故障，在故障排除前需对各个系统进行详细检查，找到故障并排除。

三、任务准备

1. 工具准备

（1）万用表：用于检测电压、电阻等电气参数。

（2）专用解码器：用于读取和清除车辆故障码。

（3）套装工具：包括扳手、螺丝刀等，用于拆卸和安装零件。

（4）零件车：提供可能需要更换的零件。

（5）工具车：携带各种维修工具。

（6）三件套：个人防护装备，如防护手套、护目镜、工作服等。

（7）实训车辆：用于实际操作的车辆。

（8）卤素检漏仪：检查制冷管路是否泄漏。

2. 工作组织

组织形式：每辆车安排4人，2人一组进行操作，分工合作，一人操作，一人辅助并观察，其余人观察学习。每组实训时间为20~30 min，轮流进行。

四、任务实施

汽车空调系统
故障分析

1. 常见故障原因分析

（1）制冷时压缩机不能起动。

故障原因：

①电气元件接触不良，熔断丝熔断，空调开关损坏，继电器内线圈脱焊，搭铁线接触不良。

②电磁离合器有故障。

③环境温度过低。

④恒温器调定值太高，而室温很低。

⑤制冷剂漏完。

⑥怠速提高装置有故障，怠速未提高。

⑦热敏电阻不对。

⑧压缩机轴承烧坏或缺油。

⑨压缩机的皮带过松或撕裂。

（2）压缩机因缺油而咬死。

（3）压缩机不能正常自动停转。

故障原因：

①低压（或低温）保护开关损坏。

②高压压力开关损坏。

③温控器失灵。

④电线短路。

（4）离合器与压缩机断续接合。

①电气故障：导线不通、电压过低、继电器有故障。

②恒温器有故障。

③离合器线圈断裂。

④离合器间隙太大。

⑤压缩机咬死。

⑥外界气温过低。

⑦系统压力过高。

⑧系统制冷剂太少。

（5）出风口温度不够冷。

（6）管路中有噪声。

2 故障点及解决方法分析

1）压缩机卡住

压缩机卡住使输出轴不能转动，卡住的原因通常是润滑不良或没有润滑。若发现离合器或传动带打滑，在排除不是离合器和传动带故障后，一般都是由于压缩机卡住所致，这时应立即关闭 A/C 开关，检查系统是否有泄漏。若系统泄漏而带走冷冻润滑油，则应该进行检测；若系统不泄漏，则是系统堵塞造成的。应该将系统中的制冷剂放掉，并清理其管道和各个阀体，之后重新装回系统。

2）泄漏

压缩机泄漏有漏油和漏气两种情况。制冷剂泄漏是空调系统中最常见故障。压缩机泄漏的部位通常在压缩机与高低压管的接合处，此处泄漏通常是因为安装位置的原因，检查起来比较麻烦。空调系统内部压力很高，当制冷剂泄漏时，压缩机润滑油会随之流失，这会导致空调系统不工作或压缩机润滑不良，空调压缩机上都有泄压保护阀，通常是一次性使用的，在系统压力过高进行泄压后，应该及时更换泄压保护阀。

3）压缩机制冷不良

可用歧管压力表检测压缩机的吸气压力和排气压力。如果两者之间几乎相同，用手触摸压缩机，发现其温度异常高，其原因是压缩机缸垫窜气，从排气阀出来的高压气体通过气缸垫缺口窜回吸气室，再次压缩，产生温度更高的蒸汽，这样来回循环，会把冷冻润滑油烧焦造成压缩机报废。若进、排气弹簧破坏或变软，也会造成压缩机的制冷不良，这种故障表现为吸气压力或排气压力几乎相同，但压缩机不发热。

4）电磁离合器自身异响

压缩机电磁离合器是出现异响的常见部位。压缩机经常在高负荷下从低速到高速变速运转，所以对电磁离合器的要求很高，而且电磁离合器安装位置一般离得很近，经常接触雨水和泥巴，当电磁离合器内的轴承损坏时就会产生异响。除了电磁离合器自身的问题，压缩机传动带的松紧度也直接影响着电磁离合器的寿命。传动带过松，电磁离合器容易出现打滑；传动带过紧，电磁离合器上的负荷就会增加。传动带松紧度不当时，轻则引起压缩机不工作，重则会引起压缩机的损坏。当传动带工作时，若压缩机带轮以及发电机带轮不在同一平面内，就会降低传动带或者压缩机寿命。电磁离合器的反复吸合也会造成压缩机出现异响。例如，发电机的发电量不足，空调系统的压力过高，或者发动机负荷过大，这些都会造成电磁离合器的反复吸合。

5）压缩机离合器按照间隙比对

电磁离合器与压缩机安装面之间有一定间隙，如果间隙过大，那么冲击也会增大；如果间隙过小，电磁离合器工作时就会与压缩机安装面之间产生运动干涉，这也是产生异响的一个原因。压缩机工作时需要可靠的润滑。当压缩机缺少润滑油或润滑油使用不当时，压缩机内部就会产生严重异响，甚至造成压缩机磨损报废。

6）离合器烧坏

原因：线圈温度过高烧毁或者压缩机咬死。

解决措施：判断压缩机内部是否失效，若没有则需要更换离合器部件。

7）压缩机不通电

现象：压缩机不工作。

原因及判断：用万用表首先检查电磁离合器的线圈，看是否能够导通；若能导通，再拔下高、低压力开关的电源接头，先测压力开关接头，看是否导通；若能导通，再测量电源插头是否有电；最后检查系统电源的起终点有无电压，接触是否可靠等。

8）压缩机失效

现象：压缩机内部咬死。

原因：用成分分析仪检测制冷剂成分，判断是否是假冒制冷剂或制冷剂成分不纯，通过对冷冻机油的颜色、气味判断是否是假冒机油或者冷冻机油失效。解决措施：必须用汽车专用空调清洗机对空调系统清洗，解决其他导致压缩机失效故障后，再换储液干燥器；然后才能更换压缩机。

其他故障原因如表6-3所示。

表 6-3　其他故障原因

现象	可能的原因
断断续续有冷气流出	电磁离合器打滑，有可能是制冷剂过量造成；膨胀阀冰堵或脏堵；电器接线接触不良
只在高速时有冷气	冷凝器阻塞；压缩机皮带打滑；压缩机有故障
冷风量不足，蒸发器及低压管大量结霜	蒸发器或风道阻塞；蒸发器或风道漏气；恒温器有故障；风机有故障；风机调速电阻故障
车厢内漏冷凝水	蒸发器的集水管阻塞
在 –4 ℃气温以下压缩机仍能运转	气温保护开关短路；电磁离合器短路；离合器无法分离
温度和风速无法自动控制	传感器失灵；程序控制的真空处扭曲或接头松；转速继电器失效
低压侧压力过高；高压侧压力过低；压缩机有不正常敲击声；压缩机外壳高低侧温差不大	压缩机阀片损坏；轴承损坏；密封垫损坏
视液镜中可见浑浊气泡	冷冻油过多；储液干燥器上易熔塞熔化；恒温器有故障，不能处于最冷状态；新鲜风门未关或关闭不严

根据本学习任务的知识，自行完成思维导图对本次任务进行梳理总结，如图 6-14 所示。

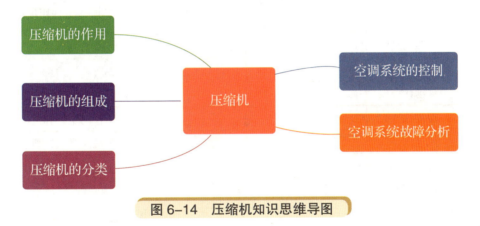

图 6-14　压缩机知识思维导图

五、任务评价

汽车空调系统
故障分析

任务评分表

姓名		组别		
作业开始时间		作业结束时间	总计 / 分	
汽车电气系统故障诊断与维修任务评分表				
任务：空调舒适系统检查保养				
作业情景： • 若选用整车请填写【1. 车辆信息】； • 选用的整车或台架具备功能需符合【应具备正常系统功能】栏				
1. 车辆信息				
品牌		整车型号	生产日期	
发动机型号		发动机排量	行驶里程	

车辆识别码	
应具备正常系统功能	车辆空调系统正常

2. 使用资料情况（依据院校实际情况填写使用资料情况）

• 考试院校根据选用整车或发动机台架填写【使用维修手册】及【使用其他的资料】信息

使用维修手册	品牌：　　　　车型：　　　　年份： □中文版　□英文版	□电子版　□纸质版

使用的其他资料		
资料名称	种类	类型
温度计使用手册	□电子版　□纸质版	□中文版　□英文版
湿度计使用手册	□电子版　□纸质版	□中文版　□英文版
风速仪使用手册	□电子版　□纸质版	□中文版　□英文版

3. 使用设施设备情况（依据院校实际情况填写使用设施设备）

• 院校依据【使用设施设备】填写【学校实际使用设施设备名称】及【品牌】；

• 院校需按【要求数量】准备设施设备

使用设施设备				
序号	设施设备名称	学校实际使用设施设备名称	品牌	使用项目
1	维修工具套装			空调滤清器拆装、进气口外罩拆装
2	空调压力表			空调管路压力检测
3	温度计			用于检测室外和室内温度
4	湿度计			用于检测室外和室内湿度
5	风速仪			用于检测出风口和进气口风速
6	检漏仪			用于检测制冷剂泄漏

依据：汽车运用与维修职业技能考核【初级】培训方案准则中【汽车电子电气与空调舒适系统技术】–【强化培训设备与工具清单】任务 15~20

4. 车辆故障信息（依据院校实际情况填写使用车辆故障信息）

• 依据院校实际情况填写【车辆原有故障】，车辆原有故障不应影响考核项目顺利进行

车辆原有故障：	

5. 车辆设置考题

• 院校依据【设置考题依据】进行考题设置

车辆设置考题：	（1）车辆信息记录。 （2）更换新的空调滤清器后，检查制冷系统性能（空调开至最冷状态）。 可设置：空调滤清器脏污、制冷剂偏多、制冷剂偏少。 （3）制冷剂泄漏检查。 可设置：冷凝器泄漏、储液干燥器泄漏、膨胀阀泄漏、空调压缩机泄漏、管路泄漏、压力检测头泄漏。 （4）舒适系统功能检查。 （5）查询维修手册，记录维修信息。 可设置：电动车窗不能升降、电动座椅不能前进和后退
设置考题依据：	汽车运用与维修职业技能考核【初级】培训方案准则中【汽车电子电气与空调舒适系统技术】初级任务 15~20，页码为 P91~P95

二、考试评分细项				
评分项	得分条件	评分标准	配分	扣分
情意面（作业安全）（职业操守）	1. 能进行工位 7S 操作（总分 3 分） □ 1.1 整理、整顿（0.5 分） □ 1.2 清理、清洁（1 分） □ 1.3 素养、节约（0.5 分） □ 1.4 安全（1 分） 2. 能进行设备和工具安全检查（总分 3 分） □ 2.1 检查作业所需工具设备是否完备，有无损坏（0.5 分） □ 2.2 检查作业环境是否配备灭火器（0.5 分） □ 2.3 检查检测设备的电量是否充足（1 分） □ 2.4 检查检测设备的插头及电缆的放置位置是否安全（1 分） 3. 能进行车辆安全防护操作（总分 3 分） □ 3.1 正确安装车辆绝缘翼子板布和格栅垫（1 分） □ 3.2 正确安装车内四件套（1 分） □ 3.3 正确安装后车轮挡块（1 分） 4. 能进行工具量具清洁、校准、存放操作（总分 3 分） □ 4.1 使用前对工具量具进行校准（1 分） □ 4.2 使用后对工具量具进行清洁（1 分） □ 4.3 作业完成后对工具量具进行复位（1 分） 5. 能进行三不落地操作（总分 3 分） □ 5.1 作业过程做到工具量具不落地（1 分） □ 5.2 作业过程做到零件不落地（1 分） □ 5.3 作业过程做到油污不落地（1 分）	依据得分条件进行评分，按要求完成在□打√，未按要求完成在□打 × 并扣除对应分数，扣分不得超过 15 分	15	
技能面（应用技能）（操作技能）	1. 能正确更换空调滤清器（总分 2 分） □ 1.1 安装前是否检查空调滤清器有无脏堵、破损（1 分） □ 1.2 空调滤清器安装方向是否正确（1 分） 2. 能正确检查环境和车厢内的温度和湿度（总分 3 分） □ 2.1 测量环境温度和湿度应不少于 2 次，且位置不同（1 分） □ 2.2 测量车厢内温度和湿度时，应等待数据稳定后，方可读数（1 分） □ 2.3 能正确记录读取的数据且单位正确（1 分） 3. 能正确检查出风口和进气口的风速（总分 4 分） □ 3.1 检查风速前，检查出风口是否开启（1 分） □ 3.2 测量车厢内出风口风速时，应等待数据稳定后，方可读数（1 分） □ 3.3 测量车厢外进气口风速时，应等待数据稳定后，方可读数（1 分） □ 3.4 能正确记录读取的数据且单位正确（1 分） 4. 能正确检查空调管路压力（总分 10 分） □ 4.1 压力表表头安装前，是否有将管路检测头的帽子拆除并合理放置（1 分） □ 4.2 压力表安装前，是否释放压力表内的压力（1 分） □ 4.3 压力表安装前，是否旋紧检测开关（1 分） □ 4.4 压力表安装后，是否检查表头安装是否牢固（1 分） □ 4.5 压力表安装后，是否旋松检测开关（1 分） □ 4.6 能正确记录读取的数据且单位正确（1.5 分） □ 4.7 压力表没有放置在发动机或其他可能存在危险位置（1.5 分）	依据得分条件进行评分，按要求完成在□打√，未按要求完成在□打 × 并扣除对应分数，扣分不得超过 25 分	25	

续表

评分项	得分条件	评分标准	配分	扣分
技能面 （应用技能） （操作技能）	□4.8 压力表拆卸前，是否旋紧检测开关（1分） □4.9 压力表拆卸后，是否采取正确的方法回收管路内的制冷剂（1分） 5. 能正确检查制冷剂泄漏情况（总分2分） □5.1 是否佩戴护目镜（1分） □5.2 是否能写明泄漏具体位置（1分） 6. 能正确检查舒适系统工作情况（总分4分） □6.1 能操作电动车窗快速升降（1分） □6.2 能操作电动车窗暂停升降（1分） □6.3 电动座椅功能检查后是否复位（1分） □6.4 电动后视镜功能检查后是否复位（1分）	依据得分条件进行评分，按要求完成在□打√，未按要求完成在□打×并扣除对应分数，扣分不得超过25分	25	
作业面 （保养作业） （拆装作业） （维修作业）	1. 能正确更换空调滤清器（总分4分） □1.1 拆除副驾驶室储物箱或饰板（1分） □1.2 拆除空调滤清器外壳螺栓（1分） □1.3 拆除空调滤清器（0.5分） □1.4 清洁蒸发箱内的杂物（0.5分） □1.5 安装空调滤清器及外壳螺栓（1分） 2. 能正确开启空调至最冷状态（总分2分） □2.1 起动发动机，开启空调，风速调至最大、温度最低、内循环（1分） □2.2 降下车窗（1分） 3. 能正确检查环境和室内的温度和湿度（总分3分） □3.1 站在车辆1m外，测量当前环境温度和湿度（1分） □3.2 进入车厢内，将仪器放置在出风口位置（1分） □3.3 读取当前出风口的温度和湿度（1分） 4. 能正确检查出风口和进气口的风速（总分4分） □4.1 将风速仪放置在中央出风口位置，读取当前风速（1分） □4.2 将风速仪放置在左侧出风口位置，读取当前风速（1分） □4.3 将风速仪放置在右侧出风口位置，读取当前风速（1分） □4.4 拆除进气口的外罩（0.5分） □4.5 将风速仪放置进气口位置，读取当前风速（0.5分） 5. 能正确检查空调管路的压力（总分5分） □5.1 发动机熄火后，安装空调压力表（1分） □5.2 安装压力表后，检查表头安装是否牢固（1分） □5.3 读取不起动时空调高压和低压压力（1分） □5.4 起动发动机，将空调开至最冷状态（风速最大、温度最低、内循环）（1分） □5.5 读取急速时空调高压和低压压力（1分） 6. 能正确检查制冷剂泄漏情况（总分3分） □6.1 检查膨胀阀泄漏情况（0.5分） □6.2 检查冷凝器、储液干燥器泄漏情况（1分） □6.3 检查压缩机泄漏情况（0.5分） □6.4 检查管路及高低压检测头的泄漏情况（1分） 7. 能正确检查舒适系统工作情况（总分4分） □7.1 检查电动车窗锁止功能（1分） □7.2 检查电动座椅按键调节功能（1分） □7.3 检查全车电动车窗升降功能（1分） □7.4 检查电动后视镜调节功能（1分）	依据得分条件进行评分，按要求完成在□打√，未按要求完成在□打×并扣除对应分数，扣分不得超过25分	25	

评分项	得分条件	评分标准	配分	扣分
信息面 （信息录入） （资料应用） （资讯检索）	1. 能正确使用维修手册查询资料（总分 4 分） □ 1.1 查询制冷剂压力规格（1 分） □ 1.2 查询车厢内、外温度和湿度规格（1 分） □ 1.3 查询制冷剂加注量（1 分） □ 1.4 查询制冷剂类型（1 分） 2. 能正确使用用户手册查询所需资料（总分 2 分） □ 2.1 查询电动座椅的复位方法（1 分） □ 2.2 查询后视镜的复位方法（1 分） □ 3. 能正确使用设备使用手册查询所需资料（1 分） □ 4. 能在规定时间内查询所需资料（1 分） □ 5. 能正确记录所需维修信息（2 分）	依据得分条件进行评分，按要求完成在□打√，未按要求完成在□打 × 并扣除对应分数，扣分不得超过 10 分	10	
工具及设备的使用能力 （岗位所需工具设备的使用能力） （办公软件的使用能力） （查询软件的使用能力）	□ 1. 能正确选用维修工具（1 分） □ 2. 能正确使用维修工具拆装（1 分） □ 3. 能正确使用空调压力表（2 分） □ 4. 能正确使用风速仪（2 分） □ 5. 能正确使用温度计（1 分） □ 6. 能正确使用湿度计（1 分） □ 7. 能正确使用制冷剂泄漏检测设备（2 分）	依据得分条件进行评分，按要求完成在□打√，未按要求完成在□打 × 并扣除对应分数，扣分不得超过 10 分	10	
分析面 （诊断分析） （检测分析） （调校分析）	□ 1. 能判断室外温度是否正常（1 分） □ 2. 能判断室外湿度是否正常（1 分） □ 3. 能判断室内温度是否正常（1 分） □ 4. 能判断室内湿度是否正常（1 分） □ 5. 能判断出风口风速是否正常（1 分） □ 6. 能判断进气口风速是否正常（1 分） □ 7. 能判断空调管路压力是否正常（1 分） □ 8. 能判断电动车窗工作是否正常（1 分） □ 9. 能判断电动座椅工作是否正常（1 分） □ 10. 能判断电动后视镜工作是否正常（1 分）	依据得分条件进行评分，按要求完成在□打√，未按要求完成在□打 × 并扣除对应分数，扣分不得超过 10 分	10	
表单填写与报告的撰写能力 （电子工单） （纸质工单） （任务记录单）	□ 1. 字迹清晰（1 分） □ 2. 语句通顺（1 分） □ 3. 无错别字（1 分） □ 4. 无涂改（1 分） □ 5. 无抄袭（1 分）	依据得分条件进行评分，按要求完成在□打√，未按要求完成在□打 × 并扣除对应分数，扣分不得超过 5 分	5	
合计			100	

任务二　汽车压缩机控制线路检测

一、任务导入

张先生驾驶汽车去上班，像往常一样打开汽车空调冷风，可奇怪的是，空调压缩机没有发出往日那熟悉的"咔嗒"声，出风口也一直是热风。张先生通知4S店，前去救援维修，假如你是专业维修工，你将怎样处理这类故障？

二、任务说明

本任务的目的是诊断和修复汽车空调压缩机未发出"咔嗒"声的故障，以恢复车辆的空调制冷功能。通过这个过程，参与者将运用已学习的汽车空调压缩机控制线路故障分析与维修技能，使用专业工具和设备进行故障诊断，实践团队合作和安全操作。

三、任务准备

1. 工具准备

（1）万用表：用于检测电压、电阻等电气参数。

（2）专用解码器：用于读取和清除车辆故障码。

（3）套装工具：包括扳手、螺丝刀等，用于拆卸和安装零件。

（4）零件车：提供可能需要更换的零件。

（5）工具车：携带各种维修工具。

（6）三件套：个人防护装备，如防护手套、护目镜、工作服等。

（7）实训车辆：用于实际操作的车辆。

2. 工作组织

组织形式：每辆车安排4人，2人一组进行操作，分工合作，一人操作，一人辅助并观察，其余人观察学习。每组实训时间为20~30 min，轮流进行。

汽车空调系统控制线路故障分析

四、任务实施

1. 诊断思路及流程

（1）在使用该诊断程序前，执行诊断系统，检查车辆。

（2）有关诊断方法的概述，请查阅诊断策略。

（3）诊断程序说明提供每种诊断类别的概述。

（4）请结合图 6-12、图 6-13，诊断思路图 6-15，进行操作流程与注意事项的梳理。

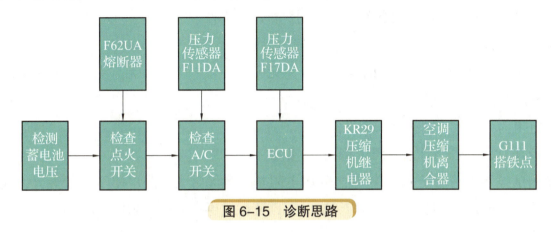

图 6-15　诊断思路

空调系统电路故障诊断信息分析如表 6-4 所示。

表 6-4　空调系统电路故障诊断信息分析

电路	对搭铁短路	开路/电阻过大	对电压短路	信号性能
压缩机继电器线圈	P0645	P0645	—	—
继电器开关 B+ 电路	1	1	—	—
继电器线圈控制	P0646	P0645	P0647	—
继电器开关控制	1	1	1	—
搭铁	—	1	—	—
1—空调压缩故障				

2. 整体电路/系统说明

　　按下空调开关时，暖风、通风与空调系统控制模块会通过串行数据发送空调请求信息给发动机控制模块（ECM）。随后，发动机控制模块控制空调压缩机离合器继电器线圈的电路搭铁，闭合继电器触点。闭合的继电器触点提供电压给压缩机离合器使其接合。参考电路如图 6-12、图 6-13 所示。

1）操作步骤：电路 / 系统检验

（1）将点火开关置于"OFF（关闭）"位置，断开 KR29 空调压缩机离合器继电器，再将点火开关置于"ON（打开）"位置。

（2）确认 B+ 电路端子 30 和搭铁之间的测试灯点亮。

若测试灯未点亮且电路熔断丝完好，则执行以下操作。

①将点火开关置于"OFF（关闭）"位置，拆下测试灯。

②测试 B+ 电路端对端的电阻是否小于 2 Ω。若为 2 Ω 或更大，则修理电路中的开路或电阻过大故障；若小于 2 Ω，则确认熔断丝未熔断且熔断丝处有电压。

若测试灯未点亮且电路熔断丝熔断，则执行以下操作。

①将点火开关置于"OFF（关闭）"位置，拆下测试灯。

②测试 B+ 电路和搭铁之间的电阻是否为无穷大。若电阻不为无穷大，则修理电路上地对搭铁短路故障。

若电阻为无穷大，则执行以下操作。

①断开 Q2 空调压缩机离合器的线束连接器。

②测试控制电路端子 87 和搭铁之间的电阻是否为无穷大。若电阻不为无穷大，则修理电路上的对搭铁短路故障；若电阻为无穷大，则测试或更换 Q2 空调压缩机离合器。

若测试灯点亮，则执行以下操作。

（3）将点火开关置于"ON（打开）"位置。

（4）确认点火电路端子 85 和搭铁之间的测试灯点亮。

若测试灯未点亮，参见"电源模式不匹配"。

若测试灯点亮：在点火电路端子 85 和控制电路端子 86 之间连接一个测试灯。

（5）当用故障诊断仪指令 ECM A/C Compressor Clutch Relay（发动机控制模块空调压缩机离合器继电器）打开和关闭时，确认测试灯点亮和熄灭。

若测试灯始终熄灭，则执行以下操作。

①将点火开关置于"OFF（关闭）"位置，拆下测试灯，断开 K20 发动机控制模块的线束连接器，再将点火开关置于"ON（打开）"位置。

②测试控制电路和搭铁之间的电压是否低于 1 V。若电压为 1 V 或高于 1 V，则修理电路上的对电压短路的故障。

若电压低于 1 V，则执行以下操作。

①将点火开关置于"OFF（关闭）"位置。

②测试控制电路端对端电阻是否小于 2 Ω。若为 2 Ω 或更大，则修理电路中的开路或电阻过大故障；若小于 2 Ω，则更换 K20 发动机控制模块。

若测试灯始终点亮，则执行以下操作。

①将点火开关置于"OFF（关闭）"位置，拆下测试灯，断开 K20 发动机控制模块的线

束连接器。

②测试控制电路和搭铁之间的电阻是否为无穷大。若电阻不为无穷大，则修理电路上的对搭铁短路故障；若电阻为无穷大，则更换 K20 发动机控制模块。

若测试灯点亮和熄灭，则执行以下操作。

（6）确认控制电路端子 87 和搭铁之间的测试灯未点亮。

若测试灯点亮，则修理电路上的对地电压短路的故障。

若测试灯未点亮，则执行以下操作。

（7）将点火开关置于"OFF（关闭）"位置并且关闭所有车辆系统，断开 Q2 "空调压缩机离合器"的线束连接器。关闭所有车辆系统可能需要 2 min。

（8）测试搭铁电路端子 2 和搭铁之间的电阻是否小于 10 Ω。

若等于或大于 10 Ω，则执行以下操作。

①将点火开关置于"OFF（关闭）"位置。

②测试搭铁电路的端到端电阻是否小于 2 Ω。若为 2 Ω 或更大，则修理电路中的开路或电阻过大故障；若小于 2 Ω，则修理搭铁线开路或电阻过大故障。

若小于 10 Ω，则执行以下操作。

（9）连接 Q2 空调压缩机离合器的线束连接器。

（10）点火开关置于"ON（打开）"位置，在 B+ 控制电路端子 10 和控制电路端子 87 之间连接一条带 30 A 熔断丝的跨接线。

（11）确认"Q2 空调压缩机离合器"启用。

如果 Q2 空调压缩机离合器未接合，则执行以下操作。

①将点火开关置于"OFF（关闭）"位置，断开"Q2 空调压缩机离合器"的线束连接器。

②测试控制电路端对端电阻是否小于 2 Ω。若为 2 Ω 或更大，则修理电路中的开路或电阻过大故障；若小于 2 Ω，则测试或更换"Q2 空调压缩机离合器"。

若"Q2 空调压缩机离合器"启用，则执行以下操作。

（12）测试或更换 KR29 空调压缩机离合器继电器。

2）部件测试

（1）将点火开关置于"OFF（关闭）"位置，断开 KR29 空调压缩机离合器继电器。

（2）测试端子 85 和 86 之间的电阻是否为 60~180 Ω。

若不在 60~180 Ω，则更换 KR29 空调压缩机离合器继电器。

若在 60~180 Ω，则执行以下操作。

（3）测试下列端子之间的电阻是否为无穷大：

① 30 和 86；

② 30 和 87；

③ 30 和 85；

④ 85 和 87。

若电阻不为无穷大，则更换 KR29 空调压缩机离合器继电器。

若电阻为无穷大，则执行以下操作。

（4）在端子 86 和 12 V 电压之间安装一条带 15 A 熔断丝的跨接线。在端子 85 和搭铁之间安装一条跨接线。

（5）测试端子 30 和 87 之间的电阻是否小于 2 Ω。

若等于或大于 2 Ω，则更换 KR29 空调压缩机离合器继电器。

若小于 2 Ω，则全部正常。

五、任务评价

压缩机控制线路检测

任务评分表

姓名		组别			
作业开始时间		作业结束时间		总计／分	
汽车电气系统故障诊断与维修任务评分表					
任务：汽车空调控制线路检测					
作业情景： • 若选用整车请填写【1. 车辆信息】； • 选用的整车或台架具备功能需符合【应具备正常系统功能】栏					
1. 车辆信息					
品牌		整车型号		生产日期	
发动机型号		发动机排量		行驶里程	
车辆识别码					
应具备正常系统功能	起动系统、点火系统、燃油喷射系统、进气系统、排气系统功能需正常				
2. 使用资料情况 根据选用整车或发动机台架填写【使用维修手册】及【使用其他的资料】信息					
使用维修手册	品牌：　车型：　年份： □中文版　□英文版			□电子版　□纸质版	
3. 使用设施设备情况 • 依据【使用设施设备】填写【学校实际使用设施设备名称】及【品牌】； • 需按【要求数量】准备设施设备					
4. 车辆故障信息 • 依据实际情况填写【车辆原有故障】，车辆原有故障不应影响考核项目顺利进行					
车辆原有故障					
车辆设置项目	一、车辆信息记录　二、蓄电池电压检测　三、汽车空调系统控制线路检测				
设置评分依据					

评分标准				
评分项	得分条件	评分标准	配分	扣分
情意面 （作业安全） （职业操守）	1. 能进行工位 7S 操作（总分 3 分） □ 1.1 整理、整顿（0.5 分） □ 1.2 清理、清洁（1 分） □ 1.3 素养、节约（0.5 分） □ 1.4 安全（1 分） 2. 能进行设备和工具安全检查（总分 3 分） □ 2.1 检查作业所需工具设备是否完备，有无损坏 （0.5 分） □ 2.2 检查作业环境是否配备灭火器（0.5 分） □ 2.3 检查检测设备的电量是否充足（1 分） □ 2.4 检查检测设备的插头及电缆的放置位置是否安 全（1 分） 3. 能进行实训车辆安全防护操作（总分 3 分） □ 3.1 拉起车辆驻车制动（1 分） □ 3.2 确认车辆安全稳固（1 分） □ 3.3 铺设防护布垫（1 分） 4. 能进行工具量具清洁、校准、存放操作（总分 3 分） □ 4.1 使用前对工具量具进行校准（1 分） □ 4.2 使用后对工具量具进行清洁（1 分） □ 4.3 作业完成后对工具量具进行复位（1 分） 5. 能进行三不落地操作（总分 3 分） □ 5.1 作业过程做到工具量具不落地（1 分） □ 5.2 作业过程做到零件不落地（1 分） □ 5.3 作业过程做到油污不落地（1 分）	依据得分条件进行评分，按要求完成在□打√，未按要求完成在□打 × 并扣除对应分数，扣分不得超过 15 分	15	
作业面 （保养作业） （拆装作业） （维修作业）	1. 能正确使用维修手册（总分 10 分） □ 1.1 正确操作电子版维修手册（6 分） □ 1.2 正确查阅空调系统电路图（4 分） 2. 能正确使用工具进行电源系统的检测（总分 25 分） □ 2.1 能找到蓄电池负极到车身搭铁线缆并检查（5 分） □ 2.2 能找到 X50A 熔断丝盒中 F62UA 10 A 熔断丝 KR29 压缩机继电器（10 分） □ 2.3 能找到 X50A 熔断丝盒中 F54UA 5 A 熔断丝（5 分） □ 2.4 能找到 G202 搭铁点并检查（5 分）	依据得分条件进行评分，按要求完成在□打√，未按要求完成在□打 × 并扣除对应分数，扣分不得超过 35 分	35	

续表

评分项	得分条件	评分标准	配分	扣分
信息面 （信息录入） （资料应用） （资讯检索）	能正确使用教材、实训设备、维修手册查询资料（总分15分） □1 查询蓄电池负极到车身搭铁线缆（2分） □2 查询 X50A 熔断丝盒中 F62UA 10 A 熔断丝 KR29 压缩机继电器（5分） □3 查询 G202 搭铁点（3分） □4 记录蓄电池负极到车身搭铁线缆情况（2分） □5 记录 X50A 熔断丝盒中 F54UA 5 A 熔断丝情况（2分） □6 记录 G104 搭铁点连接情况（1分）	依据得分条件进行评分，按要求完成在□打√，未按要求完成在□打 × 并扣除对应分数，扣分不得超过 15 分	15	
工具及设备的使用能力 （岗位所需工具设备的使用能力） （办公软件的使用能力） （查询软件的使用能力）	□1. 能正确选用教材、实训设备、维修手册（电子版）（5分） □2. 能正确使用教材、维修手册（5分） □3. 能正确使用实训设备（5分）	依据得分条件进行评分，按要求完成在□打√，未按要求完成在□打 × 并扣除对应分数，扣分不得超过 15 分	15	
分析面 （诊断分析） （检测分析） （调校分析）	□1. 能找到蓄电池负极到车身搭铁线缆并检查（3分） □2. 能找到 X50A 熔断丝盒中 F62UA 10 A 熔断丝 KR29 压缩机继电器并检查（5分） □3. 能找到 G104 搭铁点连接情况（5分） □4. 记录 X50A 熔断丝盒中 F54UA 5 A 熔断丝情况（2分）	依据得分条件进行评分，按要求完成在□打√，未按要求完成在□打 × 并扣除对应分数，扣分不得超过 15 分	15	
表单填写与报告的撰写能力 （纸质工单）	□1. 字迹清晰（1分） □2. 语句通顺（1分） □3. 无错别字（1分） □4. 无涂改（1分） □5. 无抄袭（1分）	依据得分条件进行评分，按要求完成在□打√，未按要求完成在□打 × 并扣除对应分数，扣分不得超过 5 分	5	
合计			100	

任务三 汽车压缩机的检查与更换

一、任务导入

张先生驾驶汽车去上班，像往常一样打开汽车空调冷风，可奇怪的是，空调压缩机没有发出往日那熟悉的"咔嗒"声，出风口也一直是热风。张先生通知4S店，前去救援维修，经维修技师检查，压缩机控制线路正常，高低压不正常，判断该车空调压缩机损坏需更换。假如你是专业维修工，你将怎样检查与更换压缩机呢？

二、任务说明

本任务的目的是根据前任务诊断汽车压缩机控制线路正常的情况下，需要对压缩机进行拆装与更换。通过这个过程，参与者将运用已学习的空调压缩机拆装与更换基础知识与维修技能，使用专业工具和设备进行拆装与更换，实践团队合作和安全操作。

三、任务准备

1. 工具准备

（1）冷媒加注回收机：用于冷媒回收及加注。

（2）万用表：用于检测电压、电阻等电气参数。

（3）专用解码器：用于读取和清除车辆故障码。

（4）套装工具：包括扳手、螺丝刀等，用于拆卸和安装零件。

（5）零件车：提供可能需要更换的零件。

（6）工具车：携带各种维修工具。

（7）三件套：个人防护装备，如防护手套、护目镜、工作服等。

（8）实训车辆：用于实际操作的车辆。

2. 工作组织

组织形式：每辆车安排4人，2人一组进行操作，分工合作，一人操作，一人辅助并观察，其余人观察学习。每组实训时间为20~30 min，轮流进行。

四、任务实施

压缩机的更换流程

汽车空调系统
检查与更换

1. 拆卸程序

操作步骤一：

（1）打开左前车门，拉紧驻车制动器，并将变速器置于空挡，安装车辆挡块。

（2）打开发动机舱盖拉手。

（3）打开发动机舱盖并可靠支撑。

（4）粘贴翼子板和前格栅磁力护裙。

（5）安装举升机支架到车辆指定举升位置。

（6）检查车辆是否可靠举升。

操作步骤二：

（1）断开连接蓄电池负极电缆。

（2）回收制冷剂。

（3）举升和顶起车辆。

（4）取下皮带。

（5）断开压缩机线束插头。

（6）将空调压缩机和冷凝器软管从空调压缩机上松开。

2. 安装程序

（1）按与拆卸相反的顺序安装压缩机。

（2）安装压缩机螺母并紧固至22 N·m。

汽车压缩机的
检查与更换

五、任务评价

任务评分表

姓名		组别			
作业开始时间		作业结束时间		总计 / 分	

汽车电气系统故障诊断与维修任务评分表

任务：空调压缩机的更换

作业情景：
- 若选用整车请填写【1. 车辆信息】；
- 选用的整车或台架具备功能需符合【应具备正常系统功能】栏

1. 车辆信息

品牌		整车型号		生产日期	
发动机型号		发动机排量		行驶里程	
车辆识别码					
应具备正常系统功能	发动机能正常运转，空调系统不存在机械故障、控制系统故障				

2. 使用资料情况

根据选用整车或发动机台架填写【使用维修手册】及【使用其他的资料】信息

使用维修手册	品牌：　　　车型：　　　年份： □中文版　□英文版	□电子版　□纸质版

3. 使用设施设备情况
- 依据【使用设施设备】填写【学校实际使用设施设备名称】及【品牌】；
- 需按【要求数量】准备设施设备

4. 车辆故障信息
- 依据实际情况填写【车辆原有故障】，车辆原有故障不应影响考核项目顺利进行

车辆原有故障	
车辆设置项目	一、车辆信息记录　二、蓄电池电压检测　三、空调压缩机的更换
设置评分依据	

评分标准

评分项	得分条件	评分标准	配分	扣分
情意面 （作业安全） （职业操守）	1. 能进行工位 7S 操作（总分 3 分） □ 1.1 整理、整顿（0.5 分） □ 1.2 清理、清洁（1 分） □ 1.3 素养、节约（0.5 分） □ 1.4 安全（1 分） 2. 能进行设备和工具安全检查（总分 3 分） □ 2.1 检查作业所需工具设备是否完备，有无损坏（0.5 分） □ 2.2 检查作业环境是否配备灭火器（0.5 分） □ 2.3 检查检测设备的电量是否充足（1 分） □ 2.4 检查检测设备的插头及电缆的放置位置是否安全（1 分） 3. 能进行实训车辆安全防护操作（总分 3 分） □ 3.1 拉起车辆驻车制动（1 分） □ 3.2 确认车辆安全稳固（1 分） □ 3.3 铺设防护布垫（1 分）	依据得分条件进行评分，按要求完成在□打 √，未按要求完成在□打 × 并扣除对应分数，扣分不得超过 15 分	15	

续表

评分项	得分条件	评分标准	配分	扣分
情意面 （作业安全） （职业操守）	4.能进行工具量具清洁、校准、存放操作（总分3分） □4.1 使用前对工具量具进行校准（1分） □4.2 使用后对工具量具进行清洁（1分） □4.3 作业完成后对工具量具进行复位（1分） 5.能进行三不落地操作（总分3分） □5.1 作业过程做到工具量具不落地（1分） □5.2 作业过程做到零件不落地（1分） □5.2 作业过程做到油污不落地（1分）	依据得分条件进行评分，按要求完成在□打√，未按要求完成在□打×并扣除对应分数，扣分不得超过15分	15	
作业面 （保养作业） （拆装作业） （维修作业）	1.能正确使用维修手册（总分10分） □1.1 正确操作电子版维修手册（6分） □1.2 正确查阅发电机系统电路图（4分） 2.能正确使用工具进行电源系统的检测（总分25分） □2.1 能正确使用举升机举升车辆（5分） □2.2 能找到蓄电池负极到车身搭铁线缆并检查（5分） □2.3 能找到空调压缩机的正确位置（5分） □2.4 能正确使用工具拆卸空调压缩机（5分） □2.5 能正确使用工具安装空调压缩机（5分）	依据得分条件进行评分，按要求完成在□打√，未按要求完成在□打×并扣除对应分数，扣分不得超过35分	35	
信息面 （信息录入） （资料应用） （资讯检索）	能正确使用教材、实训设备、维修手册查询资料（总分15分） □1.查询蓄电池负极到车身搭铁线缆（2分） □2.查询空调压缩机的拆卸流程（5分） □3.查询空调压缩机的安装流程（3分） □4.记录蓄电池负极到车身搭铁线缆情况（2分） □5.记录空调压缩机外观情况（2分） □6.记录空调压缩机线路连接情况（1分）	依据得分条件进行评分，按要求完成在□打√，未按要求完成在□打×并扣除对应分数，扣分不得超过15分	15	
工具及设备使用能力 （岗位所需工具设备） （办公软件的使用能力） （查询软件的使用能力）	□1.能正确选用教材、实训设备、维修手册（电子版）（5分） □2.能正确使用教材、维修手册（5分） □3.能正确使用实训设备（5分）	依据得分条件进行评分，按要求完成在□打√，未按要求完成在□打×并扣除对应分数，扣分不得超过15分	15	
分析面 （诊断分析） （检测分析） （调校分析）	□1.能找到蓄电池负极到车身搭铁线缆并检查（5分） □2.能找到空调压缩机拆装位置（5分） □3.能正确使用工具进行空调压缩机的拆装工作（5分）	依据得分条件进行评分，按要求完成在□打√，未按要求完成在□打×并扣除对应分数，扣分不得超过15分	15	
表单填写与报告的撰写能力 （纸质工单）	□1.字迹清晰（1分） □2.语句通顺（1分） □3.无错别字（1分） □4.无涂改（1分） □5.无抄袭（1分）	依据得分条件进行评分，按要求完成在□打√，未按要求完成在□打×并扣除对应分数，扣分不得超过5分	5	
合计			100	

项目提升 →

项目六 学习测试

✎ 拓展阅读

制冷空调系统的 3 个知识点

1. 为什么要控制压缩机和空调系统杂质含量和水分含量？

因为杂质进入压缩机泵体内运动部件的摩擦表面，会造成异常划伤和磨损，杂质进入空调系统中的电磁阀、膨胀阀、控制阀、毛细管及截止阀会堵塞阀孔或使阀门关闭不严密而失效。

压缩机和空调系统内的水分主要会产生以下几方面的不良影响：毛细管及膨胀阀会产生冰堵，蒸发器冷却管也会结冰；金属材料被腐蚀，生成积淀物；阀门芯被腐蚀，关闭不严密；压缩机泵体零件表面产生"镀铜"现象；加速绝缘材料、冷媒、冷冻机油等材料的劣化。

2. 电压低会对空调系统有什么影响？

若电压过低，大大低于压缩机规定的使用电压范围，由于堵转电流值很可能达不到保护器的动作电流规格，会造成保护器无法及时动作，而使压缩机电动机过热甚至烧损。

3. 压缩机的保护器的作用与原理是怎么样的？

压缩机保护器的作用主要是保护压缩机处于异常情况时不致发生电动机烧毁等事故。主要原理：是依靠保护器内部加热丝和双金属片内部电阻通过电流发热以及外部传导热量的共同作用使双金属片动作，从而切断回路而保护压缩机不致损坏。

参考文献

［1］李黎华. 汽车电气系统故障诊断与维修［M］. 2版. 北京：电子工业出版社，2024.

［2］杨吉英，何健，雷跃峰. 汽车电气设备构造与维护［M］. 2版. 北京：北京理工大学出版社，2023.

［3］刘世斌. 汽车电气系统典型故障诊断与维修探究［J］. 农机使用与维修，2021（5）：45-47.

［4］王开石，郝俊，侯林. 汽车电器系统故障诊断对策及维修方法探讨［J］. 汽车维修，2024（3）：56-59.

［5］GB/T 12345，汽车维修技术信息公开管理办法［S］. 交通运输部，2023.

［6］理工教育网. 汽车电气系统故障诊断与维修［EB/OL］. 北京：北京理工大学出版社，2024.